Labrador Retriever

Nona Kilgore Bauer

Dibujos por: Yolyanko el Habanero

HISPANO EUROPEA

Título de la edición original:
Labrador Retriever.

Es propiedad, 2006
© **Aqualia 03, S.L.**

© de la traducción: **Zoila Portuondo.**

© Fotografías: **Isabelle Français**
y **Bernd Brinkmann.**

© Dibujos: **Yolyanko el Habanero.**

© de la edición en castellano, 2006:
Editorial Hispano Europea, S. A.
Primer de Maig, 21 - Pol. Ind. Gran Via Sud
08908 L'Hospitalet - Barcelona, España.
E-mail: hispanoeuropea@hispanoeuropea.com

Depósito Legal: B. 37284-2006.

ISBN-10: 84-255-1681-1.
ISBN-13: 978-84-255-1681-8.

Consulte nuestra web:
www.hispanoeuropea.com

IMPRESO EN ESPAÑA   PRINTED IN SPAIN

LIMPERGRAF, S. L. - Mogoda, 29-31 (Pol. Ind. Can Salvatella) - 08210 Barberà del Vallès

Índice

Conocer al Labrador Retriever

▌nteligente, cariñoso y devoto de su ▌dueño.

Talentoso y versátil, capaz de pasar el día cazando en la montaña y cobrando aves acuáticas, para terminar feliz compartiendo la colchoneta nocturna con un amigo. Lazarillo, asistente, terapeuta, detector de drogas e incendios premeditados, perro de búsqueda y rescate. ¿Alguien puede asombrarse de que el Labrador Retriever haya sido, por más de una década, la raza más popular de los Estados Unidos? ¿De dónde fue que salió este super-perro? El Labrador Retriever actual proviene de una intrépida familia de perros de caza desarrollada durante los primeros años del siglo XIX en las costas de Terranova (¡no del Labrador!). Como el Labrador es un perro que está en su elemento tanto en la tierra como en el agua, acompañaba frecuentemente a los pescadores en sus aventuras marineras.

Las habilidades e instintos cobradores del Labrador, especialmente el cobro acuático, se cuentan entre las valiosas cualidades que desarrollaron y preservaron en la raza, mediante cuidadosa cría selectiva, sus fundadores.

Historia del Labrador

Originalmente llamado Perro de San Juan (St. John's Dog) o Pequeño Terranova (Lesser Newfoundland), el Labrador Retriever llegó por primera vez a Inglaterra alrededor de 1820. Los marinos y cazadores ingleses cruzaron a este perro amante del agua con los cobradores ingleses típicos del momento. Aquellos primeros criadores de perros de caza no tenían idea de que el futuro Labrador escalaría la cima del mundo canino hasta convertirse en la raza de cacería y compañía más popular del planeta. Lo único que perseguían era desarrollar un perdiguero espléndido, fuerte de patas, de buen olfato, pelo liso fácil de cuidar, apropiado para la caza de aves acuáticas, y amante del agua.

Durante la década de 1930, el tercer conde de Malmsbury (1807-1889) importó varios perros de Terranova. Se le reconoce el mérito de haber sido fiel al tipo, a fin de preservar en la raza esas cualidades tan apreciadas en el Labrador Retriever. Su determinación era evidente, según consta en una carta que es-

El menos conocido Flat-Coated Retriever está emparentado con el Labrador. A pesar de su semejanza, el Flat-Coat es de construcción más ligera y de pelaje más largo que el Labrador.

El Chesapeake Bay Retriever comparte orígenes con el Labrador. El Chessie, muy apreciado también por sus habilidades en tierra, posee un pelaje denso, a menudo ondulado, en diferentes tonos de marrón.

cribió al sexto duque de Buccleuch. «Siempre nos referimos a mis perros como Labradores porque he mantenido la raza tan pura como he podido, desde el primero que tuve...»

Muchos otros criadores desde entonces, no tan selectivos como Malmsbury, cruzaron los Labradores con otros Retrievers (cobradores). En aquellos cruzamientos casi siempre predominaron las características del Labrador y por eso a los descendientes se les llamaba Labradores. Hacia finales del siglo XIX, ya había un tipo predecible en la raza. Eventualmente, los aficionados del Labrador Retriever redactaron un estándar de perfección racial para desalentar futuros cruzamientos con otros cobradores y preservar la estructura y habilidades de trabajo del Labrador.

El Labrador Retriever fue reconocido oficialmente por el Kennel Club Inglés en 1903, y aceptado por el Kennel Club Americano (American Kennel Club) en 1917. Hoy en día está también reconocido por la FCI (Federación Cinológica Internacional). Sin embargo, el verdadero empuje le vino a la raza por el éxito que obtuvo en los campeonatos de trabajo para cobradores organizados por varios clubes especializados de los Estados Unidos, en la década de 1930. En poco tiempo, tanto los cazadores como los amantes de los perros quedaron fascinados con la agradable personalidad y habilidades laborales de la raza. Esa combinación tan especial de talento para el cobro y adiestrabilidad, disposición afectuosa con todo el mundo, y pelaje fácil de cuidar, lo convirtió en el candidato ideal para otras actividades caninas.

Perro número uno

Durante varias décadas, el Labrador Retriever ha sido clasificado dentro de las diez razas más populares registradas en muchos países. Es el perro número uno en los Estados Unidos desde 1991. Perro de campo, de exposición, de trabajo, y compañero familiar, el Labrador Retriever del siglo XXI es todo eso y más.

Una simple ojeada al Labrador explica por qué este perro excepcional ha conquistado el corazón de los canófilos americanos. Altamente inteligente, amistoso y sociable, deseoso de aprender, bueno con los niños y con las otras mascotas, cubierto por un corto pelaje que se seca sin arrugarse... ¿qué tiene que no sea bueno?

se conservan en buen estado aún hoy, como demuestra el gran número de Labradores de familia que luego de cazar durante todo el día, se enroscan a los pies de sus amos. Es un auténtico deportista dotado de

Gracias a su visión, habilidades olfatorias y ética laboral excepcionales, y a su amor por las personas, el Labrador se usa frecuentemente para buscar seres humanos atrapados en derrumbes de edificios y otros casos de desastre.

Al margen de su metamorfosis en un perro «hacelotodo», el Labrador Retriever aún reina como el cazador montañés por excelencia. Sus instintos cobradores, firmemente fijados durante su ascensión a la fama,

energía y entusiasmo inagotables. Ya sea que se encuentre de caza en el campo o persiguiendo discos voladores (frisbees) en el patio de la casa, el Labrador se entrega con gusto y deleite a cualquier actividad.

Conocer al Labrador Retriever

Como dice el proverbio: ¡«no es fácil ser el número uno»! Es poco probable que una raza alcance tal distinción sin sufrir deterioro en salud y temperamento, y el Labrador no es la excepción. Aprovechando su popularidad, aficionados y criadores irresponsables, con muy poco conocimiento y experien-

El Golden Retriever es un perro hermoso, inteligente y popular, por derecho propio. No debe confundirse esta raza con un Labrador amarillo de pelo largo, ni el Labrador debe ser confundido con este primo de dorado pelaje.

cia, han criado Labradores sin tener en cuenta para nada la salud o el temperamento y habilidades auténticos de la raza. Actualmente, el Labrador es más propenso a las enfermedades hereditarias que afectan a la mayoría de los cobradores. La displasia de codo y de cadera son hoy un lugar común y pueden

ser la causa de cambios artríticos debilitantes. La atrofia progresiva de retina y la displasia retiniana son graves problemas oculares que pueden terminar en ceguera. Son frecuentes también los problemas de tiroides. Por eso, antes de proceder a efectuar cruzamientos, todos los planteles de cría deben ser analizados desde el punto de vista médico para que pueda certificarse que están libres de problemas. Los compradores deben localizar criadores de prestigio e insistir en que les muestren los certificados de salud de los padres del cachorro.

El Labrador macho es un perro macizo y musculoso que pesa entre 28 y 36 kilos, y mide entre 55 y 60 centímetros a la cruz. Las hembras miden cerca de dos o tres centímetros menos, y también pesan entre 2 y 4 kilos menos. La esperanza de vida promedio de la raza es entre 11 y 14 años. El pelaje corto y apretado del Labrador puede ser de tres colores: negro, amarillo y chocolate. Sólo estos tres colores son aceptados. El pelaje amarillo se llama «amarillo», no «dorado» y va del crema pálido al rojo zorro. La palabra «dorado» se asocia con una raza completamente diferente, el Golden Retriever, un adorable perro de caza de pelaje largo y suelto. También hay Labradores atigrados, o sea de pelo marrón con vetas negras; no pueden ser registrados y por tanto no deben ser considerados auténticos Labradores.

Los amantes del Labrador le dirán que, al margen del color del pelo, ¡esta raza no tiene igual! No puede imaginarse una vida mejor que la que se comparte con un Labrador.

El Labrador Retriever es una de las razas más ampliamente utilizadas como guía de invidentes y débiles visuales.

CONOCER AL LABRADOR RETRIEVER

Resumen

■ El Labrador Retriever, conocido como «el amigo de todo el mundo» es una raza integral, que tuvo su origen en los perros cazadores de Terranova.

■ El Labrador se estableció verdaderamente como raza en Inglaterra, donde los amantes de la caza estimaban altamente sus habilidades como cazador y cobrador tanto en tierra como en agua, así como su naturaleza amistosa y pelaje impermeable de fáciles cuidados.

■ El tercer duque de Malmsbury es famoso por la crianza selectiva y preservación del verdadero tipo de la raza, lo que condujo a la creación del estándar de perfección racial y al reconocimiento oficial.

■ Una vez que el Labrador fue reconocido por el AKC en los Estados Unidos, empezó su marcha a toda máquina. La raza conquistó tanto el corazón de los cazadores como el de los amantes de los perros de compañía, y ha alcanzado las más altas cimas de la popularidad.

CAPÍTULO 2

Estándar y descripción de la raza

Pocos estándares captan la esencia de su raza como lo hace el del Labrador.

Los estándares de perfección racial los redactan los clubes matrices de cada raza en cuestión, y luego los aprueba la asociación canina nacional; en el caso de los Estados Unidos, por ejemplo, el American Kennel Club (AKC); en Gran Bretaña, el Kennel Club Inglés; y en muchos otros países, la FCI. El estándar describe al perro ideal, por eso constituye una guía para juzgar la raza en las exposiciones, y una especie de modelo canino a seguir en los programas reproductores de los criadores. Sin esta guía, todas las habilidades y cualidades tan apreciadas del Labrador podrían diluirse o perderse completamente.

El estándar del Labrador pone gran énfasis tanto en la función zootécnica de la raza como en su conformación integral. El estándar no deja lugar a dudas sobre el papel de este perro como inteligente y eficiente caza-

El estándar de raza define claramente las características físicas deseables en el Labrador, como su talla mediana, fuerte constitución, flancos cortos, armonía general, condiciones atléticas y buena musculatura.

dor. La determinación del club matriz por conservar el instinto de cobro en el Labrador es obvia.

Se describe al Labrador como un animal completo, de trabajo y atlético. «El Labrador Retriever es un perro de constitución fuerte, talla mediana y flancos cortos, cuya conformación pura, atlética y armónica le permite desempeñarse como perro de cobro; cuenta con la sustancia y el vigor necesarios para cazar, durante largas horas y bajo condiciones difíciles, lo mismo aves acuáticas que presas en tierra firme; tiene carácter y calidad para ganar en las exposiciones caninas, y el temperamento para ser un compañero familiar».¡Integral es la palabra que describe al Labrador!

«Sus rasgos físicos y características mentales deben denotar a un perro hecho para desempeñarse como cobrador eficiente de presas, cuyo estable temperamento lo hace apto para variados propósitos más allá de la mera cacería». El Labrador ha demostrado con creces su aptitud y mérito en empresas caninas deportivas y en otras al servicio de la humanidad.

El Labrador Retriever podrá ser negro, amarillo, o chocolate, pero bajo su piel lleva siempre ese cúmulo de talentos y personalidad maravillosos.

Por necesidad, y como protección, el Labrador debe tener un manto denso e impermeable. Eso, unido a su amor por el agua y deseo de complacer, lo convierten en un trabajador incansable, idealmente apto para asistir al cazador bajo cualquier condición.

«Las características más distintivas del Labrador Retriever son su pelaje corto, denso e impermeable; su cola de nutria, cabeza de contorno limpio, cráneo amplio y stop moderado; sus mandíbulas poderosas y ojos nobles y amistosos, que expresan carácter, inteligencia y buen temperamento. Sobre todas las cosas, el Labrador Retriever tiene que ser un perro bien balanceado, para que pueda moverse lo mismo en el ring que en el trabajo de campo con poco o ningún esfuerzo. El Labrador típico tiene estilo y calidad, sin ser demasiado refinado; y sustancia, sin ser pesado o rústico. El Labrador es, ante todo, un perro de caza, de trabajo; la estructura y la pureza son muy importantes.» Una vez más, el estándar enfatiza dos cosas: el papel del Labrador como perro de caza y trabajo, y la naturaleza polifacética de la raza.

El estándar señala más adelante que el Labrador «debe exhibirse en condiciones de trabajo, con buen músculo y sin grasa». Las secciones que se refieren a la estructura del perro desde el cuello hasta las extremidades posteriores, describen un animal atlético, musculoso y bien equipado, capaz de emplear un día completo en el campo.

En cuanto al temperamento del Labrador: «La disposición ideal es nobleza, y sociabilidad; se trata de un perro tratable y deseoso de complacer, nada agresivo hacia el hombre o los demás animales. El Labrador resulta muy atractivo para la gente; sus maneras suaves, inteligencia y adaptabilidad lo convierten en el perro ideal.»

Este estándar no deja lugar a dudas acerca del Labrador Retriever ideal. Lamentablemente, hoy en día el Labrador ideal es más difícil de encontrar. A causa de esa combinación tan especial de talento, adiestrabilidad y noble disposición, la raza ha sido víctima de los caprichos de los criadores en busca de lucro, así como de las preferencias de los cazadores y expositores, quienes han llegado a especializar a los Labradores en perros de exposición o perros para cazar. Los competidores crían y promueven el tipo de perro que mejor se ajuste a su pasión particular. Los perros de exposición son criados principalmente para reproducir aquellas cualidades que les granjearán una cinta azul, sin preocupación alguna por sus habilidades como cazadores. Los criadores de Labradores de trabajo se concentran en las cualidades que pueden resaltar su desempeño en el campo, y por eso crían perros más esbeltos, largos de pata, y animados.

A pesar de todo, la raza ha prevalecido, gracias al Labrador de compañía que tal vez no vea nunca un pato o un ring de exposición. La mayoría de los Labradores todavía se ven y actúan como el Labrador Retriever tradicional, amante del agua y obsesionado por perseguir y cobrar palos y medias. Debemos dar gracias por ello al tercer duque de Malmsbury y a su cohorte.

ESTÁNDAR Y DESCRIPCIÓN DE LA RAZA

Resumen

■ El estándar del Labrador es muy enfático detallando las habilidades de la raza y su función zootécnica como perro de caza. Todas las características físicas y temperamentales apuntan a un perro diseñado para pasar largos días en el campo y/o en el agua.

■ El Labrador debe ser amistoso, sociable y tratable; un Labrador agresivo es un contrasentido.

■ El Labrador actual se presenta dividido en tipos, en dependencia de las preferencias del criador: «tipo de exposición» y «tipo de trabajo».

■ El estándar establecido por el club matriz enfatiza al Labrador multifacético, armónico en cuerpo y mente e igualmente capaz de traer a casa lo mismo aves abatidas que cintas azules.

¿Es la raza adecuada para usted?

Si hay una cualidad que define al Labrador Retriever es su insaciable afán de cobrar.

Una ojeada a este amistoso rostro canino evidencia por qué la raza se ha hecho tan popular. Muchos dueños de mascotas se sienten atraídos por el Labrador debido a su naturaleza afable, lealtad, adiestrabilidad y fama de gentil perro familiar.

Los Labradores adoran perseguir y llevar cosas, cualquier cosa, en la boca. A uno no le queda sino maravillarse con esa obsesión de la raza por el cobro… si no puede ser un ave, entonces, palos, calcetines. Por lo general, se puede identificar el lugar donde vive un Labrador por la cantidad de ramas y palos ¡apilados en la puerta del patio! Así que no culpe a su Labrador cuando no pueda encontrar sus zapatos o calcetines. ¡Él no puede evitarlo! La compulsión por cobrar cosas está en sus genes.

Mordisquear es el subproducto natural del cobro, por eso los cachorros de Labrador son maquinillas de masticar. Muchos continúan siendo masticadores compulsivos hasta la madurez, dejando cicatrices delatoras en los muebles y ebanistería de sus dueños. Los amos inteligentes pueden minimizar el daño proporcionándoles juguetes para mordisquear y enseñándoles a los cachorros de Labrador qué pueden y qué no pueden morder. Aquellos que no toman precauciones en sus hogares ni supervisan a sus cachorros cuentan historias horrendas sobre cosas aparentemente «indestructibles» que sus Labradores se comieron o destruyeron. Si no está dispuesto a adiestrar o supervisar a su cachorro, prepárese para enfrentar las consecuencias.

El Labrador es una criatura eminentemente social por lo que no prosperará sin el contacto y la compañía de la gente. Resulta más apropiado para una familia dinámica dada a desarrollar actividades que incluyan al perro. El Labrador disfruta mucho los juegos y diversiones al aire libre, excelentes para dar salida a su energía y entusiasmo. Se siente tan cómodo en el agua como en tierra, y nadar es su deporte favorito (después del cobro, por supuesto). Los paseos largos una o dos veces al día son tan buenos para el perro como para su dueño porque, además

Si busca un ayudante para cazar o un compañero para nadar, encontrará en el Labrador un verdadero amante del agua.

La policía usa frecuentemente el agudo sentido del olfato y las habilidades para el rastreo del Labrador.

de hacer ejercicio, comparten juntos un buen rato y evitan que el Labrador se aburra por falta de ejercicio, y se vuelva destructivo.

Aunque los Labradores son excelentes con los niños, los cachorros pueden mostrarse demasiado efusivos y por eso las relaciones entre ellos deben ser supervisadas, así se evitan contratiempos producto de la conducta alborotadora de ambas partes.

Se considera al Labrador un perro fácil de mantener porque su pelaje necesita un mínimo de acicalado y mantenimiento. Muda dos veces al año pero el resto del tiempo suelta poco pelo. Los dueños aseguran que el pelo del Labrador es magnético y que se pega como goma a la ropa y el mobiliario. Las personas puntillosas deben relajar sus estándares o pensárselo dos veces antes de convivir con un Labrador.

Aunque el Labrador se destaca en varias disciplinas y competencias caninas, es famoso porque le gusta hacer las cosas «a su modo». Es tan voluntarioso como complaciente y debido a eso

puede ser algo difícil de adiestrar. Es mejor enseñarle a comportarse adecuadamente durante la etapa de cachorro antes de tener un perro de 30 kilos arrastrándolo a uno ¡calle abajo!

Los dueños potenciales deben considerar sus intenciones de tener un Labrador antes de decidirse por un perro y un criador. La separación entre líneas de trabajo y de exposición ha creado Labradores con marcadas diferencias en cuanto a temperamento, estructura y habilidades cinegéticas. El Labrador de trabajo, criado para cazar, es generalmente más esbelto y largo de patas, tiene el cráneo más estrecho y un mayor nivel de energía. El Labrador criado para ganar cintas azules en exposiciones es de huesos más pesados, patas más cortas y cráneo notablemente más ancho. El Labrador de exposición es más relajado y menos intenso cuando está en el campo. Decida qué desea de su Labrador de compañía antes de salir a buscar un criador.

Dicho esto, incluso un Labrador criado con fines de exposición, puede ser algo serio. Su

Si desea un perro compañero versátil y activo, que disfrute acompañándole a diferentes lugares y participando con usted en casi cualquier actividad, puede que el Labrador sea el perro apropiado para usted.

entusiasmo y gusto por la vida puede sobrepujar fácilmente al dueño novel, no preparado para el vigor natural y la vitalidad de una raza como ésta. Quizá debido al amplio perfil del Labrador, muchos dueños no están conscientes de que aunque es un perro altamente adiestrable, sí requiere adiestramiento. Él está muy ansioso por complacer a su gente, pero necesita aprender cómo hacerlo. El adiestramiento en Obediencia es el camino más sensato para transformar a un Labrador «salvaje y loco» en un buen ciudadano canino, alegre y educado.

Los grupos de rescate de Labradores (organizaciones que se dedican a buscar hogares para los Labradores abandonados) tropiezan todos los días con dueños desencantados que renuncian a sus perros debido al temperamento y a los problemas de conducta. Lo más probable es que estos perros nunca hayan sido adiestrados o, en el mejor de los casos, se les haya adiestrado muy poco. Afortunadamente, muchos dueños de ánimo firme que fallan en el adiestramiento de sus perros aprenden a tolerar y a ajustarse a los modales revol-

Los dueños del Labrador deben tomar muchas precauciones para que sus compulsivos cobradores muerdan objetos inofensivos.

tosos e indisciplinados de sus perros, gracias al amor que sienten por ellos. No obstante, el adiestramiento apropiado es lo más aconsejable para cualquier perro, especialmente si es tan grande y atrevido como el Labrador.

Seleccionar una raza es una decisión de peso que debe basarse en lo que es mejor para usted y para el perro. Todo esto y más debería ser lo que deter-

Los cachorros sanos y equlibrados son el resultado de una crianza meticulosamente planificada, en la que se cruzan únicamente ejemplares libres de problemas genéticos, que pasarán sus mejores cualidades a la siguiente generación.

mine si usted y el Labrador Retriever están hechos, o no, para vivir felices por siempre.

¿ES LA RAZA ADECUADA PARA USTED?

Resumen

■ Lo primero que tiene que entender un dueño de Labrador es la fijación bucal de la raza. Proporcionarle juguetes para mordisquear, tomar precauciones en la casa y enseñar al perro lo que no puede morder, son factores esenciales para llegar a tener un perro compañero con el cual se pueda convivir alegremente.

■ El Labrador adora a su gente y necesita sentirse incluido en la familia.

■ Bueno con los niños, de acicalado fácil, amistoso y versátil, el Labrador tiene muchas cualidades maravillosas como perro mascota.

■ Los Labradores, especialmente los cachorros, ¡pueden ser un poco ilocos! Los dueños deben comprometerse a adiestrar a sus perros porque ello marcará la diferencia entre un compañero agradable y un engorro incontrolable.

■ Mire más allá de la popularidad y el atractivo general de la raza para determinar si el Labrador es realmente el perro apropiado para usted iy viceversa!

Selección del criador

Teniendo en cuenta el gran número de criadores de Labrador Retriever que produce, cada año, varios miles de cachorros, no debería ser difícil localizar uno.

Pero encontrar un gran criador, que es lo que usted está buscando, puede que no sea tan fácil. Cualesquiera que sean sus motivos para desear un Labrador, ya sea para cazar, para exposiciones, competencias de obediencia u otras, o «sólo como simpática mascota», usted desea un perro sano, de buena disposición y con los instintos correctos del Labrador, porque si no, ¿para qué adquirir un Labrador? Encontrar un criador de ética intachable en el cual confiar, experimentado con la raza y que críe buenos cachorros de Labrador, puede que le tome algún tiempo, pero un cachorro sano y puro bien vale el esfuerzo.

La búsqueda del criador y del cachorro puede ser una experiencia emocionalmente penosa, que ponga a prueba su paciencia

¿Sueña usted con disfrutar el amor de un adorable cachorro de Labrador en algún momento de su vida? Entonces siga leyendo, así se armará de los recursos necesarios para hacer una elección inteligente y documentada.

y fuerza de voluntad. Todos los cachorros son adorables y es fácil enamorarnos del primer simpático cachorrillo que se nos ponga delante, pero un Labrador sin calidad conlleva problemas de salud y de temperamento, capaces de vaciarle la billetera y destrozarle el corazón. Así que, antes de visitar cachorros, dedique tiempo y esfuerzo a localizar un buen criador. Ármese con una lista de preguntas. Deje su billetera y a los chicos en casa para que no caer en la tentación de comprar un cachorro de mala calidad que, aun así, puede resultar irresistible.

Las exposiciones caninas donde se exhiben Labradores son buenos lugares para conocer gente relacionada con la raza. Recuerde que el tipo varía, por eso, mire primero a los perros, y una vez terminada la exposición, acérquese a los presentadores de los perros que le gustan.

El pedigree y los documentos de registro

A los principiantes les recomendamos que siempre soliciten ver los pedigrees de la camada y los documentos de registro. Aunque el hecho de que los perros estén registrados en la sociedad canina correspondiente no es garantía de calidad, es un discreto paso en la dirección correcta. Si aspira a exponer su cachorro o a inscribirlo en competencias autorizadas, es

Si busca un perro de trabajo, localice un criador cuyos perros tengan una activa vida como cazadores, y en otras actividades relacionadas.

necesario que esté registrado en una sociedad canina.

El pedigree debe incluir de tres a cinco generaciones de ancestros. Pregunte por los títulos que en él aparezcan. Ellos indican los logros obtenidos por el perro que los ostenta en determinadas competencias, lo que demuestra los méritos de los antepasados del cachorro en cuestión y refuerza la credibilidad del criador. Usted puede encontrar las siglas «Ch» (de Champion) referidas al campeonato de conformación, «FC», que quiere decir Campeón de Campo, u «OTCh», que significa Campeón de Obediencia. Aquel Labrador que tenga dos o tres de estos títulos puede considerarse un Campeón Doble o Triple. Son raros, pero existen perros así dentro de esta talentosa raza. Aunque el pedigree, al igual que el registro, no puede garantizar salud o buen temperamento, sigue siendo un acta de garantía y un buen punto de partida, cuando está bien construido.

No debe haber pagos extra, ya sea por el pedigree o por los documentos de registro. La sociedad canina regula que los documentos no se paguen aparte, así que cualquier criador que le pida dinero por ellos no está siendo escrupuloso.

¿Por qué este cruzamiento?

Es lícito preguntar cosas al criador, incluyendo algo tan simple como «¿Por qué escogió cruzar a estos dos perros?» Un criador consciente planifica una camada de Labradores por razones específicas y debe ser capaz de explicar las razones de carácter genético que hay detrás de cada cruzamiento, así como lo que espera lograr con cada uno de ellos. En una raza como ésta, es mejor evitar al criador aficionado, ese que tiene uno o dos perros y los cruza porque ambos son «tan buenas mascotas». Al margen de todo lo bellos que tales perros puedan ser, las probabilidades de que sean ideales como reproductores son escasas, sobre todo a causa de los muchos problemas hereditarios que hay en la raza.

Asuntos de salud

Todo esto nos lleva a analizar los asuntos y certificados de sa-

Agite sus caderas para la OFA

La Fundación Ortopédica para Animales
(Orthopedic Foundation for Animals, OFA) fue
fundada a mediados de la década de 1960 por
John M. Olin y un grupo de veterinarios y criadores
de perros responsables y preocupados. El objetivo
de la fundación era facilitar a los criadores
radiografías, evaluaciones y guía en relación
con la displasia de la cadera, una enfermedad
hereditaria común que afecta a muchas razas
diferentes de perros.

Una junta de tres radiólogos de la OFA evalúa las
radiografías de los perros de más de dos años de
edad o mayores, y califican sus caderas como
«Excelentes», «Buenas» y «Aceptables»,
calificaciones que permiten que los perros sean
elegibles para cría. Los perros cuyas caderas son
calificadas como «Dudosas», «Leves», «Moderadas»
y «Severas» no son elegibles para cría. Los
progenitores del nuevo cachorro que usted piensa
adquirir deben tener números de la OFA, lo que
prueba que son elegibles como reproductores.
Desde que comenzó la OFA, la organización se ha
expandido para incluir bases de datos con relación
a la displasia de codo, la luxación de la rótula,
la tiroiditis autoinmune, la enfermedad coronaria
congénita, el mal de Legg-Calve-Perthes, la adenitis
sebácea, la sordera congénita, la osteopatía
craniomandibular, el mal de Von Willebrand, la
toxicosis cúprica, la cistinuria, la displasia renal y
otras enfermedades caninas de origen hereditario.
Visite el sitio web de la OFA para que obtenga más
información sobre esta organización, su historia,
sus objetivos y sobre las enfermedades que trata
de eliminar en los perros de pura raza.
Vaya a www.offa.com.

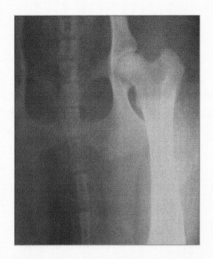

Radiografía de un perro con «Buenas» caderas.

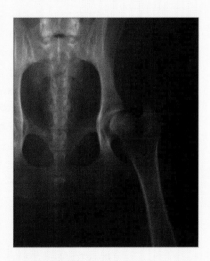

Radiografía de un perro con caderas displásicas «Moderadas».

lud. Los Labradores son propensos a la displasia de codo y de cadera, así como a la osteocondrosis (OCD), tres enfermedades articulares hereditarias y potencialmente invalidantes. Hay que comprobar que los padres del cachorro tengan certificados de la OFA (siglas en inglés de Fundación Ortopédica para Animales, organización nacional para el análisis de enfermedades genéticas) declarándoles sanos, así como que un veterinario oftalmólogo acreditado les ha examinado los ojos dentro de los últimos doce meses para saber si están libres de atrofia progresiva de retina (APR) y cataratas. Los certificados oculares pueden registrarse en la Fundación de Registros Oftalmológicos Caninos (Canine Eye Registry Foundation, CERF). Los buenos criadores le mostrarán con gusto, o más bien, con orgullo, la documentación que acredita los resultados de las pruebas hechas a sus perros.

Otros problemas de salud reconocidos en el Labrador incluyen la epilepsia y, en algunas líneas de trabajo, el colapso por ejercicio (EIC), una situación donde el perro se debilita y colapsa poco después de hacer ejercicio leve o moderado. Puede investigar sobre estos y otros problemas de salud específicos de la raza en el sitio web del club matriz, localizado en www.thelabradorclub.com o buscando en sitios web que traten sobre salud canina.

Actividades de la raza

Por lo general, los criadores experimentados de Labrador participan con sus perros en alguna faceta del mundo canino, ya sea en exposiciones de conformación, pruebas de caza o competencias de trabajo, o entrenándolos para otras actividades, competitivas o relacionadas con los perros. Sus Labradores pueden haber ganado títulos en varias competiciones, lo que acredita la experiencia y compromiso del criador con la raza.

Si encuentra un criador desinteresado del mundo canino, tal vez lo mejor es que siga buscando. Las exposiciones de perros, las competiciones de obediencia y de trabajo, así como las pruebas de caza, son eventos diseñados para medir cuál es el mejor perro entre los mejores, y sólo los ganadores probados deben ser seleccionados para producir la siguiente generación de Labradores.

Clubes especializados

Los criadores consagrados pertenecen a menudo al Club del Labrador Retriever, y/o al club especializado o asociación canina local. Ese contacto con otros criadores y cazadores experimentados expande su conocimiento sobre la raza, lo que afianza su credibilidad. Los criadores responsables, por cierto, no crían varias razas diferentes de perros ni producen numerosas camadas al año. Lo usual es una o dos camadas anuales.

Las preguntas que el criador le formulará

El criador también le hará preguntas… sobre su experiencia con los perros, cuáles ha tenido, de qué razas eran y qué fue de ellos. Deseará saber có-

mo vive, cómo es su casa, si tiene patio, niños, otras mascotas, etc., qué objetivos persigue con el cachorro y cómo piensa criarlo. La principal preocupación del

El criador de Labradores debe ser un íverdadero amante de la raza! Está claro que debe reservar perros para sí y realizar actividades con ellos, disfrutando de las maravillosas cualidades que hacen de esta una raza tan especial.

criador es el futuro de su cachorro y saber si usted y su familia son los dueños capaces de proporcionarle un hogar apropiado y amoroso. Sospeche de cualquier criador que consienta en venderle un cachorro de Labrador sin hacer preguntas ni entrevistas. Tal indiferencia delata su falta de preocupación por los cachorros, y pone en duda su ética y programa de cría.

Pros y contras

Un buen criador también le pondrá al corriente de los inconvenientes del Labrador. Ninguna raza canina es perfecta ni todas son adecuadas para todos los temperamentos y estilos de vida humanos. Prepárese a sopesar lo bueno y lo malo del Labrador. Aunque hemos alabado sus numerosas virtudes, hay que reconocer que también existen inconveniencias. Es una raza que muda y que puede tener olor perruno. Se trata de un perro grande con una enorme cantidad de energía por canalizar, más de la que muchos dueños pueden manejar o saber qué hacer con ella. Los Labradores requieren mucha atención y no les irá bien si se les deja solos todo el día sin estímulos o interacción con las personas.

Contrato de venta

La mayoría de los criadores serios tienen un contrato de venta de cachorros que incluye garantías de salud específicas y acuerdos de devolución razonables. El criador debe aceptar que le devuelvan un cachorro si las cosas no funcionan. También debe estar dispuesto, incluso ansioso, por comprobar su progreso una vez que haya dejado su casa, y estará dispuesto a ayudar al nuevo dueño cuando tenga preguntas que hacerle o confronte problemas con el cachorro.

Catálogo de exenciones indefinidas

Muchos criadores inscriben a los cachorros con calidad de mascotas en el Libro de Exenciones Indefinidas de la sociedad canina. Con ello de hecho están registrándolos en la sociedad y permitiéndoles participar con sus dueños en eventos de habilidades o de compañía reconocidos por la misma (no en conformación ni en competencias de campo), pero impiden que se pueda registrar su futura descendencia. El propósito del Libro es prevenir la cría indiscriminada de Labradores «con calidad de mascotas». El criador, y sólo él, puede cancelar el Libro si el perro, una vez adulto, llega a convertirse en un animal con calidad para la reproducción.

Referencias

Si tiene cualquier duda, pida referencias... y compruébelas. Es improbable que el criador le facilite una lista de clientes insatisfechos, pero telefonear a otros dueños puede hacer que se sienta más cómodo al tratar con él.

Referencias de criadores

Indague en su sociedad canina o en el club de la raza acerca de los criadores que existen en su área. Sus webs ofrecen vínculos con los criadores y clubes especializados de Labrador Retriever. El sitio web del Club del Labrador Retriever es también una excelente fuente de información para obtener referencias sobre criadores, porque cataloga información de contacto para sus miembros, quie-

nes están obligados a respetar el Código de Ética del club en sus programas reproductores. Llame y pregunte por camadas. Cualquier información que extraiga de estas conversaciones

Un criador puede especializarse en cierto color de manto o puede que críe los tres. En cualquier caso, su amor por el Labrador y el bienestar de la raza deben ser prioritarios en su programa de cría.

hará de usted un comprador mejor informado a la hora de visitar cualquier camada de cachorros.

Precio

Cuente con que ha de pagar un buen precio por todas estas

cualidades del criador, no importa si se trata de un Labrador que servirá como perro de compañía, o de uno con potencial para exposición o trabajo. Muchos criadores evalúan a sus cachorros y aquellos que tienen poco o ningún potencial para exposiciones son considerados con calidad de mascotas y se venden más baratos que los que tienen calidad para exposición o para trabajo de campo. «Calidad de mascota» no quiere decir, por supuesto, que el perro no sea puro o que sea atípico. El perro mascota debe estar tan sano y ser tan puro como el mejor perro de exposición o trabajo, además de que debe verse y actuar como un auténtico Labrador Retriever. Cualquier Labrador vendido con descuento o como ganga, no es tal. De hecho, el cachorro rebajado de precio es en realidad un desastre potencial con muy pocas probabilidades de convertirse en un adulto estable y sano. Tales gangas podrían costarle a la larga una fortuna en gastos veterinarios y angustia, algo que no puede medirse en dinero.

Dónde buscar y dónde no

Entonces ¿cómo encontrar un criador responsable en el que confiar? Cumpliendo con su parte de la tarea, antes de empezar a visitar cachorros, investigue la raza y establezca contacto con personas de experiencia. Dedique un día a visitar una exposición de perros o cualquier otro evento canino donde pueda conocer criadores y presentadores de Labradores, y familiarizarse con sus perros. La mayoría de los amantes del Labrador se sentirán muy contentos de mostrarle sus ejemplares y alardear de sus logros. Además, si ve algún Labrador que le guste especialmente, pregunte al dueño donde lo adquirió y luego investigue la fuente. ¿Qué debe evitar en la búsqueda de su cachorro de Labrador? Leer los anuncios de venta de cachorros que aparecen en el periódico. Los criadores de prestigio casi nunca se anuncian en los periódicos. Son muy celosos acerca de los dueños potenciales de sus cachorros y por eso no confían en los anuncios masivos para encontrar a las personas adecuadas.

En lugar de eso, dependen de las referencias de otros criadores y de clientes previos. Están muy dispuestos a conservar cualquier cachorro más allá de las acostumbradas siete u ocho semanas, que es la edad promedio en que se entregan a sus nuevos dueños, hasta que aparece el adecuado.

Tal vez el segundo ingrediente más importante en su búsqueda del criador sea la paciencia. Probablemente no encontrará al criador o la camada idóneos en la primera ronda. Los buenos criadores tienen a menudo listas de espera, pero por un buen cachorro de Labrador vale la pena esperar.

SELECCIÓN DEL CRIADOR

Resumen

■ En una raza tan popular como el Labrador hay muchos criadores buscando ganancias y sin ética alguna. Debe, por tanto, localizar un buen criador, alguien que luche por el bienestar del Labrador Retriever.

■ Pregunte al criador por el pedigree del cachorro y los documentos de registro, y hágale muchas otras preguntas, especialmente acerca de los antecedentes de los padres y la salud.

■ El Club del Labrador Retriever es una referencia confiable sobre criadores. La pertenencia a él muestra que el criador en cuestión está verdaderamente involucrado con la raza y comprometido a seguir las estrictas reglas de crianza establecidas por el club.

■ Cuente con que el criador lo entrevistará también a usted. Él deseará comprobar que usted es el dueño adecuado, así como usted desea comprobar que él es un criador serio.

Elegir el
cachorro adecuado

Un buen criador hace más que producir buenos cachorros.

También evalúa la camada y ayuda a sus clientes a encontrar el cachorro que mejor se ajusta a sus necesidades y estilo de vida. Escoger el cachorro adecuado es un componente más del promisorio futuro que usted ha de compartir con su mascota. Puede que tenga que calzarse sus botas viajeras porque el cachorro perfecto rara vez se encuentra al doblar de la esquina. Dispóngase a viajar para visitar las camadas que esté considerando; si es posible, visite más de un criador y más de una camada. Se sorprenderá de las diferencias que encontrará entre una y otra. Debido a todos estos esfuerzos terminará convirtiéndose en un comprador más sabio, y así adquirirá un mejor cachorro.

Visitar una camada es mucho más que abrazar y besar cachorros. Se parece a su última entrevista laboral. Como en este

Sí, padres amarillos pueden producir ¡cachorros negros! Los criadores emplean mucho tiempo investigando la genética del color y por eso saben qué pueden esperar de cada cruzamiento.

caso usted está buscando un nuevo miembro para su familia, verificará a los aspirantes… o sea, a los cachorros, sus padres y el criador, así como el entorno donde se han criado.

Dónde y cómo se cría una camada de cachorros es esencial para su pronto desarrollo en animales confiados y sociables. La camada debe estar dentro, ya sea en la casa o en un área cerrada adjunta, no aislada en un sótano, garaje o criadero externo. Algunos criadores experimentados tienen a veces, para sus camadas, instalaciones de cría independientes. Usted se dará cuenta de que ha encontrado a uno de ellos cuando vea las paredes llenas de cintas azules y docenas de títulos de campeonato.

Donde quiera que vivan, los cachorros de Labrador necesitan ser sociabilizados diariamente con personas y con actividades humanas. Mientras más contacto tengan con los sonidos y panoramas de la casa en el período que va de las tres o cuatro semanas hasta las ocho, más fácil se adaptarán a su futura familia humana.

Durante su visita, revise a los cachorros y el área donde

¿De qué color escogerá al cachorro? Todos los colores del Labrador son atractivos, siempre que el matiz sea sólido y muestre su hermoso brillo.

¡Aquí estamos! Listo para robar su corazón, este adorable trío amarillo asoma sus hocicos.

Elegir el cachorro adecuado

viven; compruebe que unos y otros están aseados y que los perrillos no muestran signos de enfermedad o mala salud. Deben estar razonablemente limpios (hay que comprender que orinan continuamente), alertas, llenos de energía y con los ojos brillantes. Los cachorros sanos tienen el pelaje espeso y pulcro, están bien proporcionados, y se les nota musculosos y sólidos al tacto, sin estar gordos ni tener vientres protuberantes. Observe si tienen costras o secreciones en ojos, nariz u orejas. Fíjese si tosen, resoplan o se les oyen resonar mucosidades en las vías respiratorias. Verifique cualquier evidencia de diarreas, o heces sanguinolentas, está de más decir que no deben tener nada de eso.

Si es posible, trate de conocer a la madre y al padre de los cachorros. En muchos casos no encontrará al padre en el criadero, pero el criador debe tener, al menos, fotos, y un resumen de sus características y logros. Es normal que algunas perras sean algo protectoras hacia sus crías, pero cualquier conducta sumamente agresiva es inaceptable. Los Labrador Retriever se encuentran entre las criaturas más amistosas del mundo, por eso es raro que alguno se esconda ante un acercamiento amistoso. El temperamento se hereda, y si uno o ambos padres son agresivos o muy tímidos, es probable que alguno de los cachorros herede esas características atípicas.

También es normal que una perra recién parida tenga el pelaje más bien escaso o que esté delgada después de semanas amamantando hambrientos cachorros. Sin embargo, existe una diferencia evidente entre la normal apariencia puerperal y los signos de abandono o salud deteriorada.

Observe cómo se relacionan los cachorros entre sí y con el entorno, especialmente cómo responden a las personas. Deben ser activos y sociables. En la mayor parte de las camadas de Labrador habrá unos cachorros más desenvueltos que otros, pero incluso el cachorro tranquilo que ha sido correctamente sociabilizado no debe mostrarse tímido o asustado, ni encogerse, ante una voz o mano amiga que se extiende.

El criador debe ser honesto al hablarle de la diferencia entre las personalidades de los cachorros. Aunque muchos criadores hacen algún tipo de prueba de temperamento, no hay que olvidar que han empleado la mayor parte de las últimas siete u ocho semanas tocándolos y limpiándolos, por eso conocen las sutiles diferencias que hay en la personalidad de cada uno. Las observaciones del criador serán una valiosa ayuda a la hora de seleccionar el cachorro de Labrador adecuado para usted y su estilo de vida.

Converse con el criador acerca de sus planes, aclárele si quiere el cachorro para exposiciones de conformación, para cazar o para competir en actividades deportivas u otras relacionadas con el Labrador. Algunos cachorros son más prometedores que otros para ciertos propósitos y él puede ayudarle a seleccionar el que mejor se ajuste a sus objetivos a largo plazo.

Hablemos de sexo

¿Prefiere un macho o una hembra? ¿Cuál es el adecuado para usted? Ambos sexos son amorosos y leales, por lo que las diferencias obedecen más a las personalidades individuales que al género. La hembra

Un cachorro de calidad ¡no brota así por que sí en el jardín! Se necesita buscar mucho más allá del patio casero para encontrar un criador responsable y ético con el cachorro perfecto para usted.

adulta es una criatura amable con la cual es fácil convivir, pero como les pasa a muchas hembras, también puede ser un poquito más irritable, en función de sus antojos y picos hormonales.

El macho suele ser cinco centímetros más alto que la hembra, tiene huesos más pesados y pesa de 30 a 37 kilos. Aunque los machos tienden a ser de temperamento más equilibrado, pueden ser más toscos y efusivos durante la adolescencia, algo que podría considerarse problemático en un perro tan grande y poderoso. Un macho no adiestrado puede también llegar a ser dominante con la gente y con los otros perros. Si desea que su cachorro de Labrador le respete como líder, es necesario proporcionarle una sólida formación en obediencia.

Los machos intactos tienden a ser más territoriales, especialmente con otros machos.

Los cachorros machos deben tener sus dos testículos descendidos dentro del escroto. Un perro con testículos no descendidos será una bella mascota pero no es elegible para competir en exposiciones de conformación.

El proceso de esterilización empareja el juego y elimina la mayoría de las diferencias relacionadas con el género, además de alargar la vida de su Labrador. En el caso de los cachorros que no tienen calidad como reproductores, los buenos criadores le pedirán que firme un acuerdo de esterilización para cuando el perro alcance la edad correcta.

Antes de irse a casa

A las ocho semanas de edad, cuando los cachorros están listos para irse a sus nuevos hogares, ya deben haber sido desparasitados por lo menos en una ocasión, deben tener puesta su primera vacuna, y disponer de certificados veterinarios que confirmen su buena salud en el momento del examen médico. Algunos criadores de Labrador consideran que usar vacunas separadas en las primeras inmunizaciones reduce la posibilidad de reacciones negativas ante los diferentes componentes de las vacunas polivalentes. Pregunte al criador y al veterinario qué le recomiendan al respecto.

El criador debe decirle qué ha estado comiendo el cachorro, cuándo y cuánto. Algunos criadores dan al nuevo dueño un poco de comida para que la mezcle con la suya durante los primeros días. La mayoría de ellos entrega también a sus clientes un dossier con una copia del certificado de salud, el pedigree y los documentos de registro del cachorro, así como copias de los certificados de salud de los padres y el contrato de venta –si lo tienen–. Muchos proporcionan literatura sobre la raza y sobre cómo criar correctamente a los cachorros de Labrador Retriever. Los criadores consagrados saben que mientras más sepan los nuevos dueños, mejor vida les espera a sus preciosos cachorros de Labrador. Su objetivo debería ser encontrar uno de estos criadores.

ELEGIR EL CACHORRO ADECUADO

Resumen

■ Debe usar la cabeza a la hora de elegir el cachorro; no se deje arrastrar por el corazón para elegir ¡al primer cachorro que se le ponga enfrente!

■ Visitar la camada le permite comprobar dónde se han criado los cachorros, conocer a la madre y verificar que todos los perrillos están sanos.

■ Cuando visite a los cachorros verá las diferencias que existen entre las personalidades de cada uno de ellos, lo que le ayudará a decidir cuál le resulta más atractivo. No puede elegir basándose sólo en la apariencia.

■ ¿Prefiere una hembra o un macho? ¿Le gusta un determinado color? ¿Tiene intenciones de presentar a su perro en exposiciones, de cazar con él o de competir en otros eventos caninos? Debe explicar todo ello al criador para que él pueda conducirle en la dirección correcta.

■ Además del cachorro, asegúrese de obtener del criador toda la documentación importante.

Llegada a casa del cachorro

Es necesario preparar la casa y la familia para la llegada del cachorro.

Primero, compre los accesorios que él necesita y luego someta a revisión toda la casa, por dentro y por fuera, para verificar que esté libre de peligros (¡y a salvo del cachorro!). «Impermeabilice» su casa antes de traer el perro. Créame, cuando él llegue, no va a tener mucho tiempo.

Salir de compras

Comprar los accesorios para el cachorro es la parte divertida de la historia, pero, cuidado, porque los artículos no esenciales son a menudo tan simpáticos que cuesta trabajo resistirse a ellos. Aprovisionarse puede ¡vaciarle la billetera!, así que comience con lo básico y deje la pacotilla para después.

Recipientes para el agua y la comida. Va a necesitar dos recipientes separados, uno para el agua y otro para la comida. Los de acero inoxidable son los me-

El mundo es inmenso para un cachorro tan pequeño. Por eso, hay que crearle un ambiente seguro dentro y fuera de la casa, a fin de que se encuentre seguro y cómodo en su nuevo hogar.

jores por su ligereza, por la facilidad con que pueden lavarse y por no ser mordisqueables. También es conveniente adquirir recipientes difíciles de volcar porque a la mayoría de los cachorros les encanta chapotear en los platos del agua, y el Labrador es el epítome del amor por el preciado líquido.

La comida del cachorro. Su cachorro de Labrador debe alimentarse con una buena comida apropiada para su edad y raza. Hoy día, la mayoría de las buenas comidas caninas contiene fórmulas destinadas a satisfacer las necesidades nutritivas de razas pequeñas, medianas y grandes (su Labrador) en las diferentes etapas de la vida. Durante el primer año, el perro debe comer una dieta para cachorros de razas grandes. Después podrá cambiar para una de mantenimiento para adultos de razas grandes.

Jaula. Ésta es la herramienta más valiosa con que cuenta el dueño para la educación doméstica del cachorro, además de ser el lugar favorito de este último, el lugar donde se siente seguro. Las jaulas pueden ser de alambre, de malla, y plásticas, que son las

En su etapa de cachorro, el Labrador necesita platos pequeños, pero a medida que crece los platos tendrán que ser mayores. Se debate mucho si es más saludable colocar los platos del Labrador sobre soportes elevados; analice el tópico con su veterinario.

¡Juguetes, juguetes, juguetes! Nunca tendrá suficientes para un mordedor tan insaciable. Tenga a mano una provisión de juguetes, pero no se los de todos al cachorro al mismo tiempo porque se volverá majadero y selectivo con ellos.

más conocidas por usarse en los viajes aéreos. Las de alambre y las de malla ofrecen mejor ventilación al perro y algunas pueden plegarse para llevarlas en forma de maleta. Las de malla pueden ser un riesgo con el joven Labrador, tan dado a cavar y morder.

Cualquiera que sea la jaula que seleccione cerciórese de que sea para perros adultos porque si elige una pequeña, o para cachorros, su Labrador pronto no cabrá en ella. Puede encontrar jaulas en la mayoría de las tiendas para mascotas y en los catálogos de artículos para mascotas.

Collares y chapas de identidad. El cachorro de Labrador debe llevar un collar ajustable con posibilidades de agrandar-

Los Labrador Retriever necesitan espacio para correr y jugar libremente. Si desea brindar una verdadera protección al suyo, debe contar con un patio firmemente cercado, y cuando vaya a instalar la cerca, no subestimar las habilidades del perro para cavar, escalar y saltar.

se, para que le sirva a medida que vaya creciendo. Los collares ajustables de nylon ligero son los mejores para los cachorros y perros adultos. Póngaselo tan pronto como lo traiga a casa para que se acostumbre a usarlo. La chapa de identidad debería llevar su número de teléfono, nombre y dirección, pero no el nombre del perro porque, en ese caso, cualquier persona extraña podría identificarlo y llamarlo. Con la intención de acelerar la devolución de sus perros en caso de pérdida o robo, algunos dueños incluyen una advertencia que dice: «El perro está bajo tratamiento veterinario». Para adjuntar la chapita de identidad, utilice una argolla redonda (como la de los llaveros) porque las que tienen forma de «S» se enganchan en las alfombras y se sueltan con facilidad.

Hoy día, el gran desarrollo tecnológico llega incluso a los collares para perros. Algunos vienen equipados con bípers y dispositivos de rastreo. Las más avanzadas técnicas de identificación de mascotas utilizan el sistema de posición global, que se ajusta en el interior del collar o de la chapa de identidad.

Cuando el perro sale del perímetro casero previamente programado, el dispositivo envía un mensaje directamente al teléfono del dueño o a su dirección de correo electrónico.

Los collares de estrangulación y los de púas son para el entrenamiento, por lo que sólo deben usarse durante las sesiones de trabajo. Bajo ningún concepto deben dejárseles puestos a los cachorros de Labrador que no hayan cumplido los cuatro meses.

Correas. Para su propia conveniencia y por la seguridad de su cachorro, debe tener en casa por lo menos dos tipos diferentes de correa. Una delgada, de piel, de dos metros de longitud, es la mejor para el adiestramiento doméstico, y otra para el kindergarten de cachorros, la clase de obediencia y el entrenamiento con correa.

Valore también la correa extensible. Ésta puede extenderse, desenrollándose o enrollándose dentro de un estuche manual, según se apriete un botón. Es la herramienta ideal para ejercitar cachorros y perros adultos, por lo que todos deberían tener una. Las correas extensibles pueden ser de diferentes medidas (des-

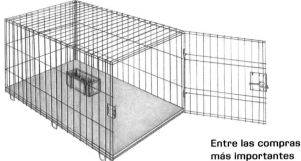

de dos metros y medio hasta siete u ocho) y unas son más fuertes que otras, en relación con el tamaño de la raza. Mientras más largas, mejor, porque así su perro podrá correr y olfatear todo lo que le plazca lejos de usted. Son especialmente útiles para ejercitar a los cachorros en áreas no cercadas y cuando se viaja con el perro. Es mejor enseñar primero al cachorro a caminar junto a la pierna izquierda antes de acostumbrarlo a la correa extensible.

Barreras. Una barrera bien emplazada para bebés mantendrá resguardado al cachorro, protegerá la casa de sus inevitables travesuras y le mantendrá a usted cuerdo. Es aconsejable confinarlo a una habitación o espacio enlosado, no alfombrado, con acceso a la puerta de salida

Entre las compras más importantes está una jaula grande de alambre capaz de albergar a un Labrador adulto; ella se convertirá en el «hogar del perro dentro del hogar familiar» por el resto de su vida.

al área exterior donde acostumbra a hacer sus necesidades. Confinado a un área segura, donde no pueda causar destrozos ni hacer estragos, el cachorro pronto aprenderá a hacer sus necesidades en el lugar adecuado, a mordisquear sólo los juguetes apropiados en lugar de los muebles de calidad de su amo, y a ahorrarse innecesarios correctivos por sus normales travesuras.

Sin embargo, confinado no quiere decir no supervisado. Los Labradores se aburren con facilidad y suelen entretenerse mordiendo puertas y tabiques. Si no va a estar vigilando al cachorro, use la jaula.

El lecho. Los lechos para perros son muy divertidos, pero no pierda la cabeza con ellos. Es mejor ahorrarse la compra de una suntuosa cama para cuando el Labrador sea mayor y menos dado a hacerla pedazos u orinarse en ella. Para el cachorro, lo mejor es una toalla grande, un cobertor o una manta fácilmente lavable (probablemente tendrá que lavarla a menudo).

Utensilios de acicalado. Los Labradores son perros fáciles de acicalar. No necesitará una batería de peines y cepillos para mantenerlo aseado. Lo único que se requiere para mantener limpio y lustroso el pelaje de este perro es una rasqueta y una manopla de acicalar. Acostumbre al cachorro desde pequeño al arreglo, utilizando un cepillo de cerdas suaves para que aprenda a disfrutar del proceso. Eso también favorece que se acostumbre a que le toquen y revisen con las manos, lo que será de gran valor a la hora de limpiarle los dientes y las orejas, y cortarle las uñas.

Juguetes. A los cachorros, especialmente aquellos de razas bucales como el Labrador, les encantan todos los juguetes de peluche que puedan atrapar y llevar de un lado para otro. Muchos se acurrucan con sus juguetes peludos como lo harían con sus hermanos. Con el tiempo, la mayoría de ellos acabará destruyendo todos los juguetes suaves o de peluche, lo que le indicará que habrá llegado la hora de arrojarlos a la basura y no comprarlos más.

Claro, los juguetes que pueden ser cobrados (o devueltos) son una necesidad imperiosa en el caso de los Labradores. Atraparlos y transportarlos son las dos cosas que más le gustarán. Si aspira a enseñar al suyo a morder determinados objetos a fin de mantenerlo alejado de sus zapatos y mobiliario, debe adquirir juguetes que pueda morder sin causarse ningún daño. Los huesos plásticos duros esterilizados son excelentes artículos para morder, y los hay de varios tamaños en proporción con la talla del perro.

Los zapatos viejos, calcetines y pantuflas están prohibidos, porque ni el cachorro más listo puede distinguir cuál de estos objetos es el suyo (el que le han dado para jugar) y cuál es el de su dueño. Evite también los juguetes de goma suaves y fáciles de despachurrar, los que tienen ojos de botón, o pitos, porque puede tragárselos en un abrir y cerrar de ojos.

He aquí una regla importante en relación con los juguetes del cachorro: ofrézcale sólo dos o tres juguetes en cada ocasión. Si le pone frente a una mesa con un montón de juguetes, pronto se aburrirá de todos y buscará más. Póngale sólo un juguete en la jaula.

Entorno seguro

Después de comprar los artículos para el cachorro, debe verificar que la casa sea un lugar seguro para él. La gente que no ha tomado estas precauciones podrían contarle historias horrendas. Los cachorros de Labrador son criaturas naturalmente curiosas, dadas a investigar todo lo nuevo; buscan y destruyen sólo porque resulta divertido. La moraleja es no dejar nunca que el cachorro deambule por la casa sin supervisión.

Revise su hogar con el fin de detectar los siguientes riesgos potenciales y ponerlos fuera del alcance del Labrador. El bote de basura de la cocina (y los cubos con pañales, si tiene un bebé)

También hay que tomar medidas de precaución en las áreas externas: ¡recuerde las tendencias bucales del Labrador! Compruebe que no haya flores ni plantas tóxicas en las áreas a las que el perro tiene acceso, y no use productos químicos destinados a la jardinería, fertilizantes, ni otra cosa que pueda ser dañina.

son imanes naturales para los cachorros. Recuerde que su estupendo olfato es cerca de 50.000 veces más sensible que el nuestro. Así que imagínese lo maravillosamente bien que le huele a su cachorro de Labrador un cubo con pañales. Elimine todos los frascos de medicina, materiales de limpieza, y venenos contra cucarachas y roedores que tenga en la casa. O guárdelos bien. Se sorprendería de saber lo que un cachorro decidido puede encontrar. Desco-

La sociabilización es divertida ¡para todos! Usted se pavoneará con su maravilloso colega canino y el cachorro monopolizará la atención de todos. Todas las personas se sentirán encantadas de conocer a un Labrador joven y amistoso.

necte todos los cables eléctricos cada vez que pueda y asegúrese de que los demás sean inaccesibles. Las lesiones por morder cables eléctricos son extremadamente comunes en los perros

jóvenes. Tenga cuidado con los fertilizantes, productos químicos y especialmente con los ¡anticongelantes! Son extremadamente tóxicos y unas gotas son suficientes para matar a un perro de cualquier edad y tamaño.

Algunos artículos menos obvios que pueden dañar al perro son el hilo dental, el estambre, las agujas y el hilo, y otros materiales filamentosos. Los cachorros que andan olfateando el suelo encontrarán y tragarán el más diminuto de los objetos y terminarán en una sala de cirugía. La mayoría de los veterinarios le contaría de buen grado los asombrosos objetos que han extraído de los intestinos caninos.

Otra amenaza la constituyen los limpiadores de retretes, esos que le dan al agua ese color azul verdoso u otro igualmente antinatural. No importa cuán sabroso pueda ser su olor, debe descartarlos. Todos los perros nacen con un «sonar para retretes» y descubren enseguida que el agua dentro de ellos está siempre fría.

Recordando cómo sus propias madres les sermoneaban por ello, todos los dueños de cachorros deben mantener sus calcetines, ropa interior, zapatos y pantuflas lejos del suelo. No olvide cerrar las puertas del guardarropas. Todas las cosas antes mencionadas les encantan a los cachorros porque tienen el olor de ¡su gente favorita!

Lo más importante dentro de este proceso de proteger al cachorro de un entorno potencialmente peligroso radica en estar siempre atentos. Adelántese siempre a su entremetido Labrador. Haga uso del sentido común y verá cómo usted y su perro disfrutan juntos de una vida segura y alegre.

Sociabilización

Este procedimiento protege al cachorro, pero no a la casa. La sociabilización del cachorro es la póliza de seguros para que su Labrador disfrute una madurez alegre y estable, y constituye, sin lugar a dudas, el factor más importante en la presentación del cachorro al mundo humano. Aunque los Labradores son por naturaleza sociables y gregarios, aun así es muy importante ponerlos en contacto con extraños y con situaciones nuevas desde temprana edad. Se ha comprobado que los cachorros no so-

ciabilizados crecen retraídos e inseguros, temerosos de la gente, de los niños y de los lugares que les son ajenos. Muchos se convierten en mordedores cobardes, o se vuelven agresivos con los otros perros, con los extraños, e, incluso, con los miembros de su familia. Tales perros casi nunca pueden ser rehabilitados y suelen terminar abandonados en refugios caninos donde lamentablemente, a la larga, son sacrificados. La sociabilización del cachorro sienta las bases para que llegue a convertirse en un perro de buena conducta, y evita que tenga un triste final.

El principal periodo de sociabilización ocurre durante las primeras 20 semanas de vida del cachorro. Justo en el momento en que deja la seguridad de su madre y hermanos, entre las ocho y las diez semanas, comienza el trabajo del dueño. Empiece por dejarlo que se adapte a la nueva casa durante uno o dos días, entonces comience a ponerlo en contacto, gradualmente, con los sonidos y los panoramas de su nuevo mundo humano. En esta edad, es esencial la interacción frecuente con los niños, con las personas no conocidas y con los otros perros. Visite lugares nuevos (donde los perros sean bienvenidos, claro) como parques o, incluso, el parking de la tienda local donde se reúne mucha gente. Propóngase como meta para los dos próximos meses conocer dos nuevos lugares cada semana. Busque la manera de que las nuevas situaciones sean positivas y alegres porque así su perro desarrollará una actitud favorable ante encuentros futuros.

Es especialmente importante ser positivo cuando vaya a la

Los Labrador Retriever son mascotas familiares excepcionales, y buenos con los niños, pero hay que fomentar la relación desde el principio para que perros y niños aprendan a comportarse y tratarse adecuadamente entre sí.

consulta del veterinario. Usted no desea que su perro tiemble de miedo cada vez que ponga una pata en el consultorio. Asegúrese de que su veterinario sea un verdadero amante de los perros, además de buen médico.

Su cachorro necesitará también estar en contacto –super-

visado– con los niños. Los cachorros de todas las razas tienden a considerar a la gente menuda y a los párvulos como hermanos de camada e intentarán ponerles una pata encima (actitud de dominio). Como se trata de un perro criado para cazar y trasladar presas, el cachorro de Labrador es muy bucal y morderá los dedos de las manos y los pies de cualquier niño. Los adultos de la familia deben supervisar y enseñar al cachorro a no mordisquear ni saltar sobre los chicos.

Aunque los Labradores son en general buenos con los niños, también son perros alegres y saltarines que pueden, sin intención alguna, saltar sobre un niño pequeño durante el juego. Niños y perros deben aprender cómo jugar apropiadamente, y a los chicos hay que enseñarles a respetar la privacidad del cachorro y a tratarle con delicadeza. Enseñe a sus hijos a no correr y a no soliviantar al cachorro para que se comporte bulliciosamente y se haga merecedor entonces de innecesarios correctivos.

Lleve a su joven Labrador a la escuela para cachorros. Algunos cursillos aceptan cachorros entre diez y doce semanas de edad, si tienen puesta su primera vacuna. Mientras más joven es el cachorro más fácil es modelar en él patrones de buena conducta. Un buen cursillo para cachorros enseña la etiqueta social canina correcta en lugar de rígidas habilidades de obediencia. Su cachorro conocerá y jugará con perros jóvenes de otras razas, y usted aprenderá los recursos pedagógicos positivos que tanto necesita para adiestrar a su cachorro. Los cursillos para cachorros son importantes tanto para los novatos como para los experimentados. Si es usted un dueño de Labrador inteligente, no se quedará ahí sino que continuará con los cursos de Obediencia Básica.

Recuerde esto: hay una relación directa entre la calidad y cantidad de tiempo que dedique a su cachorro durante las primeras 20 semanas de su vida y el carácter que tendrá cuando sea adulto. Es imposible volver a atrapar ese valioso periodo de aprendizaje, así que aprovéchelo al máximo.

LLEGADA A CASA DEL CACHORRO

Resumen

■ Debe adquirir todos los accesorios necesarios para el cachorro, antes de traerlo a casa. En el caso del joven y bucal Labrador, son especialmente importantes los juguetes para morder que sean inofensivos.

■ También, antes de traer al cachorro, debe convertir su casa y patio en lugares seguros creando un ambiente libre de peligros. Esta precaución protege tanto a la casa ¡como al cachorro!

■ Cuando el cachorro se haya acostumbrado a la nueva casa, puede empezar a mostrarle el mundo que le rodea. Sociabilizar al cachorro permitiéndole que conozca gente nueva, que se relacione con otros perros y que se acostumbre a los sonidos y panoramas desconocidos, es una garantía de que llegue a convertirse en un perro equilibrado, amistoso y confiado.

■ Debe supervisar la relación de los niños con el cachorro para cerciorarse de que se traten mutuamente con respeto.

Primeras lecciones

Está justificado que el Labrador Retriever sea el perro favorito de mucha gente de todo el mundo,

Se trata de un animal listo y amistoso, que gusta de aprender y es fácil de adiestrar. He aquí la palabra clave: «adiestrar». Él por sí solo no puede aprender las reglas domésticas. Para poder enseñarle cómo debe comportarse en el nuevo mundo humano donde ha de vivir, es esencial proporcionarle una sólida educación en obediencia y a aceptar el indiscutible liderazgo de su amo; estas lecciones empiezan el mismo día en que usted trae el cachorro a casa.

Todos los perros son animales de manada y, como tales, necesitan un líder. El primer jefe del Labrador que vive ahora con usted, fue su madre, de ella y de sus hermanos provinieron todas las lecciones que recibió en la vida. Cuando jugaba muy fuerte o mordía muy duro, sus hermanos lloraban y dejaban de jugar. Si se po-

El primer profesor del cachorro es su propia madre. ¿Está listo usted para asumir la responsabilidad de ser el líder de la jauría?

nía bravucón u ofensivo, su madre le daba una suave manotada con su maternal pata o lo zarandeaba por el cuello. Ahora le toca a usted asumir el papel de líder y darle a entender cuál es la conducta apropiada, de manera tal que la joven mente de su perro lo pueda entender. Recuerde también que, desde la perspectiva canina, las reglas humanas no tienen sentido alguno.

Cuando comience el proceso de enseñanza, tenga siempre presente que las primeras 20 semanas en la vida de cualquier perro constituyen el tiempo más precioso para el aprendizaje, pues su mente está en su mejor momento para absorber todas las lecciones, positivas y negativas. Las experiencias positivas y la adecuada sociabilización durante este período son sumamente importantes para su desarrollo y estabilidad futuros. Ya nos hemos referido a la importancia de la sociabilización, por eso debe ser consciente de que la cantidad y calidad del tiempo que invierta ahora en su joven Labrador determinará la clase de adulto que llegará a ser. ¿Un perro salvaje, o un caballero

No es de extrañar que el Labrador sea la raza favorita en los Estados Unidos. Es un perro noble, amistoso, fácil de adiestrar, y responde bien a la técnica pedagógica del refuerzo positivo.

Sólo se es cachorro una vez, y es justo entonces que el perro tiene la capacidad de aprender rápidamente la mayor cantidad de cosas. Saque partido de esta «esponjosa» etapa y dele ¡mucho que absorber!

o dama? ¿Un perro educado o uno desobediente? ¡Depende de usted!

La ciencia que estudia la conducta canina nos enseña que cualquier comportamiento premiado será repetido. Es lo que se conoce como refuerzo positivo. Si ocurre algo bueno, como recibir una sabrosa golosina, o abrazos y besos, el cachorro deseará naturalmente repetir el comportamiento. Las mismas investigaciones que han conducido a estas conclusiones, han demostrado que uno de los mejores caminos para llegar a la mente de un cachorro es su estómago. No por gusto el hígado tiene un olor tan fuerte: ¡jamás subestime el poder de un trocito de hígado! Lo que nos lleva a otra regla muy importante relacionada con el cachorro: mantenga siempre los bolsillos repletos de golosinas, así estará listo todo el tiempo para reforzar cualquier comportamiento positivo en el justo momento en que se produzca.

El mismo principio del refuerzo se aplica a las conductas negativas, o a lo que las personas pueden considerar tales, como bucear dentro del bote de basura, algo que ni el cachorro ni el perro adulto saben que está mal. Si el cachorro anda en la basura, roba comida o hace cualquier otra cosa que le dé placer, lo repetirá. Premiar la buena conducta y enmendar la mala, en el momento justo en que se produce, enseña al cachorro a diferenciar lo correcto de lo incorrecto. Si atraparlo en el acto es la clave de todo, ¿qué mejor razón puede haber para mantenerlo bajo estrecha vigilancia?

Las clases del cachorro están a punto de comenzar. Regla 1: Él debe aprender que ahora usted es el perro alfa y su nuevo jefe de manada. Regla 2: Usted debe enseñarle todo de manera que lo entienda (lo siento, pero ladrando no lo conseguirá). No olvide nunca que el cachorro no sabe nada acerca de los estándares de conducta humanos.

Asociando palabras

Cada vez que le enseñe el mismo comportamiento, utilice la misma palabra (orden) y, cuando el resultado sea positivo, premie con recompensas comestibles y elogios verbales, a fin de reforzarlo. El cachorro hará la conexión y se sentirá motivado para repetir dicho comportamiento cada vez que escuche las palabras claves. Por ejemplo, cuando le esté ense- cachorro aprenderá enseguida para qué son esos viajes fuera de la casa.

Precisión

Todos los perros aprenden sus lecciones en el presente. Es

Los cachorros son «pizarrones en blanco»: queda en manos de los dueños responsables convertirlos en obras maestras.

ñando a hacer sus necesidades fuera de casa, use siempre la misma orden («Retrete», «Popó» o «Apúrate», están entre las más comunes) cada vez que se desahogue. Mientras está ori- nando, añada: «!Muy bien!». El necesario atraparlos en el acto (bueno o malo) para otorgarles recompensas o castigos. Usted cuenta entre tres y cinco se- gundos para conectarse con su perro, de lo contrario él no en- tenderá qué fue lo que hizo mal.

Por eso, precisión y coherencia son las dos claves para enseñar exitosamente a un perro cualquier conducta nueva, o corregirle las malas.

El éxito en el adiestramiento del cachorro descansa sobre varios principios importantes:

1. Usar órdenes sencillas –de una sola palabra– y darlas una sola vez. De lo contrario, el cachorro aprende que «Ven» (o «Siéntate» o «Échate») son órdenes de tres o cuatro palabras.

2. Nunca corregir al perro por algo que haya hecho minutos antes. Recuerde: sólo dispone de tres a cinco segundos.

3. Elogiarlo siempre (y darle una golosina) tan pronto como haga algo bien (o cuando deje de hacer algo mal). ¿Si no, cómo va a comprender su cachorro que está comportándose de manera disciplinada?

El uso de recompensas comestibles ha demostrado su efectividad cuando comenzamos a enseñar lecciones y órdenes al cachorro. ¿Qué perro no le dedica atención a una jugosa golosina?

4. Ser coherente. No puede acurrucarse hoy con el perro en el sofá para ver la televisión, y mañana regañarlo porque se está encaramando en él.

5. No llamar nunca al perro para reprenderle por algo mal hecho, porque con ello estará echando por tierra la orden de venir, ya que el cachorro pensará que el correctivo es el resultado de haber acudido a usted, y ¿por qué desearía él obedecerle si va a ser castigado? Para detener cualquier comportamiento no deseado vaya siempre usted hacia el perro, pero asegúrese de atraparlo en el acto, porque de lo contrario él no entenderá por qué lo está regañando.

6. Nunca golpearle, patearle o darle con un periódico u otro objeto. Tales correctivos físicos sólo generan miedo y confusión en el perro y, con el paso del tiempo, pueden provocar un comportamiento agresivo. Utilice la voz como método correctivo y ¡aguántese las manos!

7. Al elogiar o reprender al perro, hay que usar los mejores recursos vocales. Una voz alegre y ligera para el elogio, y una voz firme y tajante para las advertencias o regaños. Un quejumbroso «No, no» o «Déjalo» no sonará muy convincente, ni tampoco una voz profunda y áspera diciendo «Muy Bien» hará que su cachorro se sienta contento. Su perro también responderá en el mismo tono a las discusiones familiares. Si hay una pelea a gritos, pensará que hizo algo malo y tratará de protegerse. Así que no discuta nunca delante de los chicos… ¡ni del perro!

Juegos

Jugar con el cachorro es la manera perfecta de entretenerlo a él y de entretenerse usted mientras le da lecciones subliminales y ambos se divierten. Comience con un plan de juegos y un puñado de sabrosas golosinas. Debemos procurar que los juegos sean cortos para no extralimitar la atención del cachorro. El Labrador adora jugar con su familia, y los juegos, además de ser magníficos auxiliares pedagógicos, son una de las mejores maneras de decirle: «Te quiero».

Busca el juguete. Comience por colocar uno de los juguetes favoritos del cachorro a la vista. Pregúntele: «¿dónde está tu ju-

Primeras lecciones

guete?» y déjelo que lo coja. Entonces llévese el cachorro fuera de la habitación y coloque el juguete de manera que sólo sea visible una parte de él. Traiga al cachorro de vuelta y hágale la misma pregunta. Alábelo efusivamente cuando encuentre el objeto. Repita lo mismo varias veces. Finalmente, esconda el juguete completamente y deje que el cachorro olfatee. Confíe en su olfato… encontrará el juguete.

El cachorro cobra. Este juego ayuda a enseñar la orden de venir. Dos personas se sientan en el suelo a unos cuatro o cinco metros de distancia una de la otra; una de ellas sostiene y acaricia al cachorro mientras la otra lo llama con voz alegre: «Perrito,

Los juegos que consisten en atrapar cosas son fáciles de enseñar a los perros cobradores. Estos sencillos juegos con el cachorro conducirán luego al cobro formal cuando el Labrador sea adulto.

perrito, ¡ven!». Cuando él vaya corriendo hacia ella, lo recompensará con grandes abrazos y una jugosa golosina. El juego se repite varias veces más, alternando quién lo aguanta y quién lo llama, pero sin excederse. Se puede enriquecer el juego con una pelota o un juguete que ambas personas lanzarán a un lado y a otro para que el cachorro lo cobre. Cada vez que lo haga, hay que elogiarlo y abrazarlo más, ofrecerle una golosina para que suelte el juguete y volver a lanzarlo a la persona número dos. Se repite, igual que antes.

¿Dónde está papá? El juego de las escondidas es otro que enseña la orden de venir. Juéguelo fuera de la casa, en el patio, o en alguna otra área cerrada y segura. Cuando el cachorro esté distraído, ocúltese detrás de un arbusto. Grite: «¿Dónde está papá?» (o como le guste). Atísbelo, para ver cuándo es que él se percata de que usted no está y regresa corriendo para encontrarle (créame, es lo que hará). Tan pronto como se acerque, salga del escondite, agáchese con los brazos extendidos y llámelo: «Perrito, ¡ven!». Este juego es también un recurso importante para relacionarle con su cachorro y enseñarle que depende de usted.

Centros de cuidados caninos

El Labrador Retriever del siglo XXI, que vive en un mundo ocupado, con sus padres todo el día en el trabajo y los niños de la casa todo el día en la escuela, puede muy bien aburrirse sentado en casa esperando que la familia regrese. Una agenda como ésta puede limitar a una familia o a una persona para adquirir un perro. Afortunadamente, nuestro mundo moderno ofrece otras opciones para los dueños ocupados, como los centros de cuidados caninos.

Estas instalaciones están apareciendo por todo el país y los dueños inteligentes pueden beneficiarse de ellas. Los centros de cuidados caninos no sólo ofrecen ejercicio al cachorro de Labrador que está naciendo a la vida, sino también estímulo y sociabilización.

PRIMERAS LECCIONES

Resumen

■ El Labrador es un estudiante brillante y ávido de aprender, pero sólo si usted lo guía.

■ Aproveche las primeras 20 semanas de vida del cachorro, durante las cuales su aptitud para el aprendizaje es mayor.

■ Sea coherente en las órdenes y en enseñar al cachorro lo que está mal y lo que está bien.

■ La precisión es clave. Es necesario atrapar al cachorro en el acto para reforzar las conductas positivas o enmendar las indeseables.

■ Comprenda y siga los principios básicos del adiestramiento.

■ Los centros de cuidados caninos ofrecen muchos beneficios a los modernos y superocupados dueños.

Educación
inicial

En el mundo canino, la educación doméstica y el adiestramiento con jaula son casi sinónimos.

La jaula es probablemente la pieza más importante del equipo canino, porque viene a ser como el chalet particular del Labrador, ese espacio que ambos, usted y él, aprecian y disfrutan. Su cachorro se adaptará de modo natural a la jaula porque todos los cánidos son criaturas de madriguera, gracias a los miles de años que emplearon sus ancestros viviendo en cuevas y oquedades terrestres.

La jaula es también un auxiliar natural en la educación doméstica. El cachorro de Labrador es naturalmente limpio, por lo que se esforzará en no ensuciar su «guarida» o espacio vital. De este modo, la jaula se convierte verdaderamente en un accesorio canino multipropósito: es el hogar propio del Labrador dentro de la casa familiar; un instrumento no represivo para impartirle la educación doméstica; el medio de proteger al ca-

Para disfrutar de una vida feliz en compañía del perro, es esencial enseñar al Labrador hábitos de desahogo correctos, o sea que aprenda a hacer sus necesidades fuera de la casa.

chorro, la casa y las pertenencias del dueño, cuando éste está ausente; un auxiliar en caso de viajes porque permite albergar y mantener al perro a salvo (la mayoría de los moteles aceptan perros en jaulas); y, por último, un espacio cómodo para el cachorro cuando llegan de visita los familiares antiperros.

Ciertos criadores de experiencia insisten en que los cachorros sigan usando la jaula después de abandonar el hogar natal, y algunos les dan esta clase de adiestramiento mientras están con ellos. Pero lo más probable es que su Labrador no haya visto nunca una jaula, de manera que está en sus manos garantizar que su primera experiencia en este sentido sea agradable.

Póngalo en contacto con la jaula tan pronto como llegue a casa, así aprenderá que ése es su nuevo «hogar». Lo logrará con mayor éxito utilizando golosinas. Durante los dos primeros días arroje una golosina dentro de la jaula para incitarlo a entrar. Elija una orden para entrar en la jaula, algo así como: «Perrera», «Adentro» o «Jaula», y úsela cada vez que él entre. También puede darle sus primeras comidas dentro de la

Si adiestra a su cachorro para que se desahogue en el patio, deberá conducirlo al lugar escogido con una correa. Después de que haya hecho allí sus necesidades unas cuantas veces, localizará el lugar usando su olfato.

«¿Pueden concederme alguna privacidad, por favor?» Si cuenta con un patio vallado, puede soltar al perro para que haga sus necesidades cuando éste haya aprendido a localizar su área de desahogo.

jaula, con la puerta abierta, para que la asocie con algo agradable.

El cachorro debe dormir en su jaula desde la primera noche. Puede que al principio se queje, pero sea fuerte y mantenga su plan. Si le suelta cuando llora, le habrá dado su primera lección en la vida: si lloro, me dejan salir y a lo mejor hasta me abrazan. ¡Ya ve por qué no es una buena idea!

Lo mejor es que, durante las primeras semanas, coloque la jaula cerca de su cama por las noches. Su presencia tranquilizará al cachorro y usted podrá saber si él necesita salir a medianoche a hacer sus necesidades. En cualquier caso, no lo tranquilice llevándoselo a la cama. Para el perro dormir en la misma cama que el dueño significa que son iguales, y eso conspira contra su intención de establecerse como líder desde el primer momento. Practique colocando al cachorro en la jaula para dormir las siestas, por las noches, y siempre que no sea capaz de vigilarlo estrechamente. No se preocupe, él le hará saber cuando se ha despertado y necesita salir a desahogarse. Si se queda dormido bajo la mesa

y se despierta cuando usted no está por allí, ¿a que no adivina qué es lo primero que hará?

Rutina, coherencia y un ojo de águila son las claves para llevar adelante con éxito la educación doméstica. Los cachorros siempre «van» cuando se despiertan (¡rápido!), unos minutos después de comer, cuando terminan de jugar y luego de breves ratos de confinamiento. La mayoría de los cachorros que no han cumplido aún los tres meses necesitan desahogarse por lo menos cada hora o algo así, o sea 10 veces al día (ponga a funcionar el cronómetro de la cocina para recordarlo). Saque siempre al cachorro a la misma área y, mientras salen, dígale: «Fuera».

Elija una palabra para darle la orden de desahogarse («Apúrate», «Popó» o «Dale, hazlo», se usan mucho) y úsela cuando él esté haciendo sus necesidades, al mismo tiempo que lo alaba con un «¡Muy bien!» y repite la palabra clave. Use siempre la misma puerta para llevarlo fuera y, si lo confina, que sea en un área aledaña a la salida para que pueda encontrarla cuando sienta la necesidad. Esté al tanto de las señales que expresan la urgencia de desahogarse, como olfatear, girar en círculos, etc. No le permita deambular por la casa hasta que esté completamente educado pues ¿cómo va a encontrar la puerta de salida si tiene que atravesar primero dos o tres habitaciones? Él no tiene un mapa de la casa en su cabeza.

Claro, no siempre las cosas saldrán bien. Les pasa a todos los cachorros. No puede pretender que un bebé deje de necesitar pañales ¡de un día para otro! Enseñar a los niños a hacer sus necesidades en el lugar y el momento debidos es mucho más difícil que enseñárselo a un cachorro de Labrador. Humm. ¡Piense en ello! A las personas les toma mucho más tiempo aprender a usar el retrete que a los cachorros no orinarse en la alfombra.

Cuando le sorprenda haciendo sus necesidades fuera de lugar, palmotee ruidosamente diciendo: «!Aaaah! !Aaah!» y encamínelo hacia fuera. Su voz deberá alarmarlo y hacerle detenerse. No deje de alabarlo cuando termine de hacer sus necesidades en el exterior.

Si descubre los orines después de ocurridos los hechos…

más de tres o cuatro segundos después… llegó demasiado tarde. Los cachorros sólo entienden el momento presente y no son capaces de comprender un co-

He aquí una jaula buena y resistente para el cachorro de Labrador, ya sea para usarla como jaula de viaje, o transportador, ya que el perro siente siempre que está en su propia casa en cualquier lugar donde se encuentre.

rrectivo aplicado cinco segundos (sólo cinco) después de ocurridos los hechos. Las correcciones a destiempo sólo causan miedo y confusión. Así que olvídelo y prométase estar más vigilante.

Sugerencia para la educación de las necesidades fisiológicas: quítele el plato del agua después de las 19:00 horas para ayudar al control de la vejiga durante la madrugada. Si está sediento, ofrézcale un cubito de hielo. A partir de entonces lo verá correr al refrigerador cada vez que escuche el sonido de la cubeta.

Nunca estriegue la trufa del cachorro en los orines o las heces ni le golpee con la mano, con un periódico o con cualquier otro objeto con el fin de corregirlo. Él no entenderá y sólo conseguirá que le tome miedo a la persona que le golpea.

Al margen de sus numerosos beneficios, no puede abusarse de la jaula. Los cachorros de Labrador Retriever menores de tres meses de edad no deben permanecer dentro de la jaula por más de dos horas cada vez, a menos, claro, que estén durmiendo. Una regla general dice que tres horas es lo máximo para un cachorro de tres meses, cuatro o cinco para uno de cuatro o cinco meses y no más de seis horas para perros de más de seis meses de edad. Si usted no puede estar en casa para soltar al perro, póngase de acuerdo con un pariente, vecino o con un cuidador de perros para que le deje salir a hacer un poco de ejercicio y sus necesidades.

Por último, pero no por ello menos importante, he aquí la regla para el uso de la jaula: nunca, nunca, la use para castigar al perro. El éxito del adiestramiento con jaula depende de que el cachorro la asocie positivamente como su «casa». Si la jaula representa castigo se resistirá a usarla como lugar de protección. Claro que usted puede colocarlo en ella después de que haya volcado el bote de basura, para poder limpiar. Pero no lo haga con una actitud iracunda o diciéndole: «¡A la jaula, perro malo!».

Si no se siente capaz de usar la jaula, ¿qué podrá hacer usted con el cachorro suelto cuando no esté en casa? Limítelo a una sola habitación con la ayuda de barreras para bebés a prueba de perros. Elimine de esa habitación todo lo que pueda morder o dañar, o aquello con lo cual pueda lastimarse. Sin embargo, aun en un lugar libre de objetos, algunos cachorros morderán las paredes o tabiques. Un corral para ejercicios de un metro y medio cuadrado (disponible en las tiendas para mascotas), lo suficientemente fuerte como para que el cachorro no pueda derribarlo, le proporcionará un confinamiento seguro durante periodos cortos de tiempo. Coloque papel en un rincón del corral para que haga sus necesidades, y un cobertor en la otra esquina para que duerma sus siestas. Cuando lo deje solo, proporciónele juguetes inofensivos para morder de manera que se quede feliz en el corral.

Y lo más importante de todo: recuerde que el éxito de la educación doméstica radica en la constancia y la repetición. Mantenga un programa estricto y use sus palabras clave coherentemente. Los dueños bien entrenados tienen cachorros bien educados.

He aquí una buena y resistente jaula para el cachorro de Labrador, aunque lo mejor es comprar desde el principio una que le sirva tanto para su etapa de cachorro como para cuando sea adulto.

EDUCACIÓN INICIAL

Resumen

■ Cuando se usa correctamente, la jaula es un precioso auxiliar en la educación doméstica de los cachorros.

■ Procure que la primera impresión del cachorro con relación a la jaula sea buena, y no la use nunca para castigarlo. Lo que se busca es que el perro entre en la jaula con buena disposición.

■ Establezca una rutina para sacar al perro a hacer sus necesidades y respétela. Los cachorros necesitan salir muy frecuentemente, pero esa frecuencia será menor a medida que crezcan.

■ Los cachorros pequeños no pueden «aguantar» mucho rato, así que lo mejor es estar al tanto de sus señales corporales, las que nos indican que necesita desahogarse. Cuando lo hacen en el lugar indebido, suele ser más culpa del dueño que del cachorro.

■ Elogie al cachorro cuando haga sus necesidades en el lugar indicado porque así es como comprende lo que se espera de él.

■ Nunca castigue al cachorro por desahogarse en lugares indebidos, sólo vigílelo más de cerca para evitar que tales accidentes ocurran.

Las órdenes básicas

La sociabilización del cachorro debió haber comenzado antes de que usted lo trajera a casa.

Todos los Labrador Retriever tienen el potencial para convertirse en ciudadanos caninos bien educados. Para ser bienvenidos en todas partes, deben aprender buenos modales perrunos. Deben obedecer con destreza, o más bien, a la perfección, las órdenes de venir, sentarse, tumbarse, caminar y quedarse quietos.

Puede comenzar las lecciones desde que el cachorro llegue a la casa. No se preocupe, que no es demasiado joven. Éste es su primer periodo de aprendizaje, por eso mientras más temprano empiece, más fácil será todo y más éxito tendrán, usted y él.

Comience siempre las clases en un ambiente tranquilo y libre de distracciones. Cuando el cachorro ya domine un ejercicio, cambie de lugar y practique en otro diferente, con otra persona u otro perro cerca. Si el cachorro

El Labrador es una raza con mucho potencial, una vez que ha aprendido el comportamiento básico. Puede ser adiestrado para servicios más complejos; entre los muchos usos del Labrador está la asistencia a discapacitados, ayudando a sus dueños a realizar tareas cotidianas.

reacciona a la nueva distracción y no hace bien el ejercicio, vuelva atrás y continúe después de eliminar la distracción temporalmente. No acelere nada. Recuerde que se trata de ¡un cachorro!

Para evitar que se confunda, que sea una sola persona la que lo instruya en los primeros tiempos. Es por aquello de «muchas manos en un plato…». Cuando haya aprendido una orden de manera confiable, otros miembros de la familia pueden incorporarse.

Antes de cada sesión de adiestramiento, ignore a su cachorro de Labrador por algunos minutos. La falta de estímulos le hará sentirse más ansioso de su compañía y atención. Haga cortas las lecciones para que no se aburra y así lograr que se mantenga entusiasmado. Con el tiempo, será capaz de concentrarse durante periodos de tiempo más largos. Varíe los ejercicios para mantener en alto el entusiasmo del cachorro. Esté al tanto de cualquier señal de aburrimiento o pérdida de atención.

Las sesiones de adiestramiento deben ser positivas y

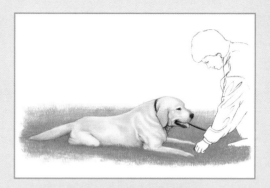

La enseñanza de nuevos ejercicios se logra más fácilmente con la ayuda de una o dos golosinas. A los perros no les gusta tumbarse cuando uno se lo ordena, pero cuando están siguiendo el rastro de una golosina se echan sin darse cuenta.

Aunque es un perro acuático por naturaleza, el Labrador necesita que su primer contacto con el agua sea cuidadoso, y que luego se le adiestre y se le haga practicar para desarrollar sus habilidades naturales.

alegres. Use mucho el elogio, elogio y ¡más elogio! No adiestre nunca a su cachorro o perro adulto si está usted de mal humor. Perderá la paciencia y el perro pensará que es el culpable. Eso revertirá todo el progreso alcanzado y hará que el perro tenga una impresión negativa a la hora de enfrentarse a futuras lecciones.

Termine cada sesión de adiestramiento con una nota positiva. Si ha estado luchando para conseguir que haga un ejercicio, o si no ha tenido éxito con él, cambie con uno que ya sepa hacer bien («¡Siéntate!») y termine así la lección.

Antes de poder enseñar cualquier orden con efectividad al cachorro, deben pasar dos cosas. Él tiene que aprender a responder por su nombre (reconocimiento del nombre) y usted tiene que ser capaz de ganarse y retener su atención. ¿Cómo conseguirlo? Con golosinas, ¡por supuesto! Podemos definir las golosinas como bocaditos minúsculos, preferiblemente suaves y fáciles de tragar. No se trata de sobrealimentar al cachorro. Las lonjas finas boca-

dillo cortadas en cuadritos son efectivas.

Comience pronunciando el nombre del cachorro. Una vez. No dos ni tres veces, sino una. De lo contrario, aprenderá que tiene un nombre en tres partes e ignorará el llamado hasta que usted lo pronuncie completo. Comience usando su nombre cuando él no esté distraido y usted esté seguro de que le mirará. Láncele una golosina tan pronto como le mire. Repita este ejercicio por lo menos doce veces, varias veces al día. No le va a tomar más de 24 horas conseguir que su cachorro entienda que su nombre significa algo bueno que comer.

La orden de relajación

Ésa será la palabra que utilice para hacerle saber al cachorro que se terminó el ejercicio, algo así como el «Descansen» que se usa en la vida militar. «Listo» o «Libre» son los que más se recomiendan, aunque también se usa «Vale». Usted necesita esta palabra de relajación para hacer saber a su Labrador que el ejercicio terminó y que puede relajarse y/o moverse de cualquier posición estable.

Toma y deja

Coloque una golosina en la palma de su mano y diga al cachorro: «Toma», mientras él se apodera de ella. Repítalo tres veces. A la cuarta vez, no diga nada cuando su cachorro se incline sobre la golosina, sólo cierre sus dedos sobre ella y espere. No retire la mano ni haga fuerzas con ella, sólo prepárese para que el cachorro le toque con la pata, le lama, ladre y le mordisquee los dedos. ¡Paciencia! Cuando finalmente se aleje y espere unos segundos, ábrala y dígale: «Toma». Repita el ejercicio hasta que él se detenga y espere por la orden de «Toma».

Ahora, el segundo paso. Enseñe al Labrador la golosina que tiene en la palma de la mano y dígale: «Deja». Cuando él intente tomarla, cierre la mano y repita: «Deja». Repita el procedimiento hasta que se vaya, espere entonces un segundo, abra su mano, dígale: «Toma» y déjele tomar la golosina. Repita el procedimiento del «Deja» hasta que él espere algunos segundos, entonces

ofrézcale la golosina con un «Toma». Gradualmente, extienda el tiempo de espera antes de decirle «Toma» después que el

La orden «Deja» es necesaria para la seguridad de todo perro, especialmente tratándose del curioso cachorro de Labrador, que lo investiga todo con la boca.

cachorro, obedeciendo la orden, deje la golosina.

Ahora vamos a enseñar al perro a dejar las cosas en el suelo, no simplemente en la palma de su mano. (Piense en todo aquello que usted no desea que él recoja). Colóquese frente al cachorro con la correa floja y arroje una golosina hacia atrás pero ligeramente hacia un lado para que él pueda verla, mientras le dice: «Deja». Aquí comienza «el baile». Si él va a buscar la golosina, use su cuerpo, no sus manos, para bloquearlo, haciendo que se aleje. Tan pronto como se aparte o renuncie a tratar de rodearle, desbloquee la golosina y dígale: «Toma». Prepárese para bloquearla de nuevo si él va por ella antes de que usted le dé permiso. Repita el proceso hasta que logre comprender y espere la orden.

Cuando el Labrador ya domine bien esto, practíquelo con el plato de comida, diciéndole «Deja», y luego, cuando obedezca: «Toma» (puede lo mismo sentarse o permanecer de pie mientras espera por el plato). Al igual que antes, extienda gradualmente el periodo de espera antes de decirle: «Toma».

De esta manera le recuerda que usted es el jefe y quien da las órdenes, y que todas las cosas buenas, como la comida, vienen de la persona que lo ama. Eso ayuda a evitar que el cachorro se vuelva muy posesivo con su plato de comida, conducta que sólo conduce a otras más agresivas. Los beneficios de un sólido «Toma/Deja» son incontables.

La orden venir

Esta orden es potencialmente salvavidas porque evitará que su Labrador cruce la calle detrás de una ardilla o se le escape. Practique siempre esta orden con el perro bajo correa y dentro de un área segura y cerrada. No puede darse el lujo de fallar porque entonces el cachorro aprenderá que no tiene que venir cuando le llame, y en este caso no caben fallos.

Una vez que haya conseguido captar la atención del cachorro, llámelo desde una corta distancia diciéndole: «Perrito, ¡ven!» (¡con una voz alegre!) y, cuando venga, dele una golosina. Si duda, tire suavemente de la correa acercándolo a usted. Tómelo y sosténgalo por el collar con una mano mientras con la otra le da la golosina. Esto de tomar el collar es importante. Eventualmente, usted deberá dejar atrás la fase de la golosina y pasar al elogio manual. Esta maniobra también conecta el hecho de sostener el collar con el de venir y recibir golosinas, lo que le favorecerá en incontables comportamientos futuros.

Repita el ejercicio de 10 a 12 veces, 2 o 3 veces al día. Una vez que el cachorro haya dominado la orden de venir, continúe practicándola diariamente para imprimir en su cerebro ese fundamental comportamiento. Los dueños experimentados de Labrador saben, sin embargo, que no se puede confiar nunca completamente en que un perro acuda al ser llamado si está enfrascado en alguna misión autoasignada. «Sin correa» es a menudo sinónimo de «sin control». Siempre que no se encuentre en un lugar cerrado y seguro, mantenga al Labrador con la correa puesta.

La orden de sentarse

Esto es «coser y cantar», porque el Labrador ya está familiarizado con el proceso de recibir golosinas. Permanezca de pie frente al cachorro, mueva la golosina directamente sobre su trufa y suavemente hacia atrás sobre su cabeza. A medida que él se echa hacia atrás para alcanzarla, se irá sentando. Si se levantara para tomar la golosina, bájela un poquito. Cuando sus cuartos traseros toquen el suelo, dígale: «Siéntate». Suelte la golosina y tómelo suavemente del collar, tal y como lo hizo con la orden de ve-

Después de algunos intentos, guíe al Labrador hacia la posición de sentado con un leve empujón en la grupa para que entienda qué es lo que espera de él. El ejercicio de sentarse es fácil de enseñar.

nir. Así él volverá a conectar positivamente tres cosas: la golosina, la posición de sentado y ser sostenido por el collar.

A medida que el perro vaya dominando la orden, manténgalo en la posición de sentado por periodos de tiempo más largos, antes de darle la golosina (éste es el comienzo de la orden de «quieto»). Empiece a usar la palabra de relajación para liberarlo de la posición de sentado. Practique la orden de sentarse como parte de las actividades cotidianas, por ejemplo, sentarse para que se le sirva su plato de comida o para recibir un juguete. Ordénele sentarse improvisadamente durante el día, y prémielo siempre con golosinas o elogios. Una vez que haya aprendido confiablemente la orden, aproveche la hora de la comida para combinar el «Siéntate» y el «Deja».

La orden de quieto

«Quieto» es en verdad una extensión del «Siéntate» que el perro ya conoce. Con el cachorro sentado bajo la orden, colóquele

Comience a enseñarle el quieto/sentado colocándose a corta distancia del perro, con su correa puesta. Utilice la mano para darle la señal de quedarse donde está mientras pronuncia la orden «Quieto».

la palma de la mano frente a la trufa y dígale: «Quieto». Cuente hasta cinco. Diga entonces la palabra de relajación para que pueda abandonar la posición de sentado y alábelo. Alargue los periodos de estancia incrementando el tiempo muy paulatinamente, y dando al cachorro la oportunidad de dar rienda suelta a su energía.

Una vez que permanezca quieto de manera confiable, de un paso hacia atrás y luego vuelva hacia delante. Poco a poco extienda el tiempo y la distancia que le aleja del perro. Si el cachorro deja la posición de quieto, dígale: «No» y colóquese de nuevo frente a él. Aproveche inteligentemente las oportunidades, de acuerdo con la capacidad de atención que muestre el cachorro.

La orden de echarse

Puede costar trabajo que el perro llegue a dominar la orden de echarse. Como es una postura de sumisión, algunos perros y ciertas razas dominantes pueden encontrarla especialmente difícil. Por eso es muy importante enseñársela el perro desde que es muy pequeño.

Partiendo de la posición de sentado, mueva la golosina desde la trufa del perro hacia el suelo y luego ligeramente hacia atrás entre sus dos patas delanteras. Sacúdala, si es necesario, para despertar su interés. Tan pronto como sus patas delanteras y tren trasero toquen el suelo, dele la golosina y dígale: «Échate, Muy bien, ¡échate!» para que conecte la conducta con la palabra. Esta lección puede ser difícil, así que sea paciente y, siempre que el perro coopere, generoso con las golosinas. Una vez que asuma con facilidad la posición de echado, incorpore el quieto de la misma manera que lo hizo con la posición de sentado. Hacia los seis meses de edad, el cachorro debe ser capaz de quedarse firmemente sentado y echado durante diez minutos.

La orden de esperar

Ésta le encantará, especialmente cuando su Labrador llegue a casa con las patas mojadas o llenas de barro. Trabaje la orden de esperar con una puerta interior cerrada (no sería inteligente hacerlo con una puerta de salida al exterior). Comience por abrir la puerta como si fuera a salir o entrar por ella. Cuando el perro trate de seguirlo, colóquesele enfrente y bloquéele el pa-

so. No use todavía la orden de «Espera». Manténgase bloqueando la puerta hasta que él titubee y usted pueda abrirla un poquito para salir por ella. Entonces diga la palabra con la cual lo libera de la orden de esperar: «Pasa» o «Vale», o cualquier otra orden de relajación que haya elegido para efectuar el ejercicio, y permítale trasponer la puerta. Repita el bloqueo corporal hasta que él entienda y espere por usted, entonces comience a aplicar al ejercicio la verdadera orden de «Espera». Practique con diferentes puertas dentro de la casa, y use las entradas desde fuera sólo después de que el perro sea capaz de esperar confiablemente.

La orden de caminar

Al joven Labrador hay que enseñarle a caminar educadamente con la correa puesta, a su lado o cerca de usted. Esto se consigue mejor cuando el cachorro es muy joven y pequeño, antes de que sea capaz de ¡tirar de usted calle abajo! El «Camina» formal viene después.

Comience el adiestramiento con correa tan pronto como el

Las órdenes básicas

cachorro llegue a casa. Sólo átele la correa al collar de hebilla y déjelo deambular con ella durante un rato cada día. Juegue con él mientras tiene la correa puesta. Haga del uso de la correa un momento feliz del día. Si la muerde, distráigalo con un juego o rocíela con una sustancia repelente.

Después de unos días, tome la correa mientras se encuen-

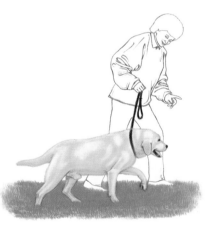

Usted pasará mucho tiempo paseando con su Labrador. Por eso es mejor adiestrarlo para que camine educadamente junto a su tobillo izquierdo, en lugar de dejarse arrastrar por él ¡calle abajo!

tran en un área libre de distracciones, ya sea en la casa o en el patio, y caminen juntos sólo algunos pasos. Lleve el cachorro a su izquierda y tenga una golosina en la mano para estimularlo a caminar cerca de usted.

Palméese la rodilla y use su más alegre tono de voz. Diga: «¡Vamos!» cuando se mueva hacia delante, sosteniendo la golosina baja para mantenerlo cerca. Dé algunos pasos, ofrézcale la golosina, y ¡alábelo! Adelante sólo unos pocos pasos cada vez.

Procure que estas sesiones sean cortas y festivas, que no duren más de 30 segundos (esto es mucho tratándose de un cachorro). Nunca lo regañe o arrastre para que camine más rápido o más despacio, sólo estimúlelo con una charla alegre. Al principio, camine recto hacia el frente, y vaya añadiendo giros amplios cuando él empiece a familiarizarse con el ejercicio. Comience entonces a hacer giros de 90 grados dándole un suave tirón a la correa, pronunciando un alegre: «¡Vamos!» y, por supuesto, estimulándole con una golosina. Camine breves tramos que no le tomen más de 10 o 20 segundos, con un alegre receso (use su palabra de relajación) y un breve juego (nada demasiado loco, sino algo así como abrazarlo) entre una sesión y otra. Procure que el tiempo total del adiestramiento sea breve y siempre termine con una nota exitosa, incluso si el cachorro adelanta sólo unos pocos pasos.

Más consejos

Todos estos comportamientos se enseñan en los cursillos de adiestramiento, si existe alguno en su zona. Hay docenas de libros que hablan sobre los métodos positivos de adiestramiento. Los clubes pueden también organizar seminarios especiales sobre el tema. Aprenda todo lo posible. Usted y su Labrador se enriquecerán con el esfuerzo.

La práctica constante es realmente una regla de por vida, especialmente tratándose de perros voluntariosos. Los perros, perros son, y si no les conservamos las habilidades aprendidas, volverán a sus comportamientos desatentos y chapuceros, que serán entonces más difícil de corregir. Incorpore estas órdenes a su rutina diaria, y su perro seguirá siendo un caballero del cual podrá sentirse orgulloso.

LAS ÓRDENES BÁSICAS

Resumen

■ Una formación sólida en las órdenes básicas es la base para que su Labrador llegue a ser un ciudadano canino bien educado.

■ Antes de comenzar las clases, su cachorro debe ser capaz de reconocer su nombre, y usted, de ganarse y mantener su atención.

■ Las órdenes de «Toma» y «Deja» le ayudan a controlar todo aquello que su bucal Labrador se lleva a la boca.

■ Las órdenes básicas son: «Siéntate», «Quieto», «Ven», «Échate», «Camina» y «Espera».

■ Para mantener en forma al Labrador y poder contar con su obediencia, practique cotidianamente. Todos los días se le presentarán muchas oportunidades de reforzar el conocimiento que tiene el perro sobre las órdenes.

Cuidados domésticos

El Labrador Retriever vive de promedio entre 10 y 13 años.

Pero la calidad de esos años depende de un concienzudo programa de cuidados caseros. Aunque la genética y el ambiente pueden influir en la longevidad de un perro, usted sigue siendo la columna vertebral del programa de salud de su Labrador. Como la proverbial «manzana diaria», la atención cotidiana que dedique al bienestar de su perro le permitirá «alejar al veterinario».

Control del peso

Si de repente su Labrador pudiera hablar, lo primero que le preguntaría es: ¿A quién llamas perro comilón? No se puede acusar a los Labradores ¡por tener buen apetito! Para saber si el suyo está bien de peso, presiónele ligeramente el costillar y sienta las costillas bajo una fina capa de músculos. Si lo mira desde arriba, debe ver una cintura definida, y si lo mira de lado, el

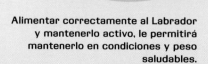

Alimentar correctamente al Labrador y mantenerlo activo, le permitirá mantenerlo en condiciones y peso saludables.

abdomen debe aparecer obviamente recogido. La esbeltez es saludable, en cambio, la obesidad puede restar dos o tres años de vida al perro.

Mantenga un registro del peso de su perro en cada visita anual al veterinario. ¿Qué tiene unos kilos de más? Ajuste la cantidad de alimento (siempre evite las sobras de la mesa), considere cambiar hacia una comida canina «ligera», «para perros ancianos» o para alguna otra formulada con menos calorías, e incremente el ejercicio.

El peso excesivo es especialmente dañino para los perros viejos con articulaciones crujientes. Un Labrador anciano y sedentario perderá la forma más rápidamente. Caminar y correr (más despacio si el perro es viejo) siguen siendo las mejores formas de preservar la salud. Programe el ejercicio de su perro de acuerdo con su edad y condiciones físicas.

Revisando el pelaje

Durante las sesiones semanales de acicalado se debe examinar el cuerpo del perro para comprobar si hay protuberan-

Los Labradores tienen tendencia a engordar si se les permite comer demasiado o si no hacen ejercicio. Es raro que un Labrador desprecie una ¡sabrosa morcilla!

El Labrador que está en buenas condiciones da una impresión general de atletismo y agilidad, y posee buena musculatura.

cias (quistes, verrugas, lipomas), puntos calientes y otros problemas de la piel o del pelaje. Aun cuando los perros viejos suelen tener quistes benignos, muchos pueden ser malignos, por lo que su veterinario debe examinar cualquier anormalidad. Los parches o acrecencias negras en forma de lunares, en cualquier parte del cuerpo, requieren inspección veterinaria inmediata. Recuerde que acariciar y abrazar a su perro puede ser también una vía para detectar pequeñas anormalidades.

Esté muy al tanto de la piel seca y del pelo escamoso y escaso porque son síntomas de posibles problemas en la tiroides. Verifique si tiene pulgas o suciedad de pulgas, (sobre todo en la parte inferior del cuerpo y alrededor de la cola) cuando haya peligro de infestación.

El cuidado de los ojos

La vista del Labrador puede deteriorarse también con la edad. En los ojos de los perros mayores de edad suele aparecer una opacidad azulada que no impide la visión. Pero siempre debe consultar con el veterinario cualquier cambio que observe en los ojos del suyo para saber si es inofensivo o si está evidenciando algún problema.

El otro extremo

No olvide el otro extremo del perro. ¿Se ha estado mordisqueando el trasero o frotándolo contra la alfombra? Es señal de que las glándulas anales están congestionadas. Pida a su veterinario que se las exprima (no es tarea para aficionados). Hágale análisis anuales de heces fecales para saber si tiene parásitos intestinales. Los anquilostomas, ascárides y tricocéfalos pueden provocar pérdida del apetito, pobreza en el pelaje y toda clase de problemas intestinales, y también debilitar la resistencia del animal frente a otras enfermedades caninas. Vaya al veterinario si nota que su perro muestra tales señales. La tenia, otro parásito frecuente que se transmite por la vía de las pulgas, se presenta en forma de granitos de arroz incrustados en las heces.

Problemas de corazón

En todos los perros son comunes las enfermedades cardiacas, sin embargo, es el problema que más frecuentemente los dueños pasan por alto. Los síntomas incluyen jadeo y respiración entrecortada, tos crónica, especialmente durante la noche o al despertar en la mañana, y cam-

examinados anualmente para comprobar el estado de sus funciones hepáticas y renales. Si su perro bebe cantidades excesivas de agua, orina con mayor frecuencia y/o lo hace dentro de la casa, no camine, corra al veteri-

Todos los perros disfrutan revolcándose en la hierba, pero nadie sabe qué tipo de pasajeros indeseables pueden abordarlos en esas oportunidades. Revise la piel y el pelaje de su perro sistemáticamente después de que se revuelque en la hierba o en lugares boscosos.

bios en los hábitos de sueño. Los problemas del corazón pueden tratarse si se detectan a tiempo.

Enfermedades renales

Las enfermedades renales pueden también tratarse exitosamente con un diagnóstico temprano. Los perros de siete o más años de edad deben ser

nario. Los problemas renales pueden tratarse con dietas especiales que reducen la carga de los riñones.

Emergencias caninas

Para poder cuidar a su perro inteligentemente, todo dueño debe conocer los signos de emergencia médica. Muchas agencias caninas, sociedades humanitarias y refugios para animales patrocinan seminarios de primeros auxilios donde los participantes aprenden a reconocer y tratar los signos de las situaciones de emergencia más frecuentes, cómo preparar un botiquín de primeros auxilios, cómo dar RCP (reanimación cardiopulmonar) a un perro y muchas cosas más.

Los signos de emergencia son, entre otros, vómitos por

Este Labrador no siente calor porque se mantiene fresco dentro de su propia piscina. Los golpes de calor son preocupantes, así que cerciórese de que su perro tenga agua suficiente para beber y un lugar donde pueda cobijarse del sol.

más de un día, diarreas sanguinolentas o prolongadas (más de 24 horas), fiebre (la temperatura normal de un perro es de 38 °C), inflamación súbita de la cabeza o de cualquier parte del cuerpo (reacción alérgica a la picadura de un insecto u otro estímulo).

Algunos síntomas de otras situaciones frecuentes de emergencia son:

■ **Golpe de calor:** Jadeo excesivo, babeo, pulso acelerado, encías que toman un color rojo oscuro, expresión frenética y vidriosa (la reconocerá cuando la vea).

■ **Hipotermia** (perro mojado + clima frío): Temblores, encías muy pálidas y temperatura corporal por debajo de 37 °C.

■ **Conmoción** (shock): La pérdida severa de sangre a causa de una herida puede provocar una conmoción en el perro. Los síntomas son: temblores, pulso débil, debilidad e indiferencia, depresión, y temperatura corporal baja.

Otros síntomas:

Las señales de alarma con relación al cáncer u otros graves problemas de salud incluyen: tumores o hinchazones anormales; heridas que no sanan; pérdida de peso inexplicable o súbita; pérdida de apetito; sangrado o secreción sin motivo aparente;

olor corporal desagradable; dificultad al tragar o comer; pérdida de vigor o rechazo al ejercicio; dificultades para respirar, orinar o defecar; apariencia abotargada; cojera o rigidez persistentes.

Si percibe alguna de estas señales de alarma llame inmediatamente al veterinario. Muchas enfermedades caninas y algunos tipos de cáncer son tratables si se diagnostican a tiempo. La moraleja es: conozca a su Labrador porque la detección temprana de cualquier problema es clave para su longevidad y calidad de vida.

Acostúmbrese a estar muy al tanto de cualquier sutil cambio en su perro. Lea libros sobre cuidados de salud caninos y sobre primeros auxilios, y añada uno a su biblioteca. Tenga una lista de síntomas y remedios a mano como referencia para cuando la necesite. La vida de su Labrador depende de eso.

CUIDADOS DOMÉSTICOS

Resumen

■ Los cuidados caseros del Labrador deben concentrarse en mantenerlo saludable y prevenir las enfermedades.

■ El peso adecuado contribuye directamente a la salud, longevidad, y calidad de vida del perro.

■ Aproveche las sesiones de acicalado y las caricias para revisar el manto de su perro, y lo que hay debajo de él, en busca de cualquier señal de posibles problemas.

■ Cuidar los ojos del perro, sus glándulas anales, corazón y riñones, además de controlarle los parásitos, resulta esencial en la rutina casera de cuidados integrales.

■ Prepárese para las situaciones de emergencia con un buen botiquín de primeros auxilios, reconociendo los síntomas, y teniendo a mano el teléfono del veterinario.

Para mantener al Labrador en óptimas condiciones debe alimentarlo con una buena comida apropiada para su edad y estilo de vida.

Sólo una comida de superior calidad le proporcionará el balance adecuado de vitaminas, minerales y ácidos grasos que garantizará la salud de su esqueleto, músculos, piel y pelaje.

Las principales empresas productoras de comidas para perros han desarrollado sus fórmulas con controles de calidad estrictos. La información sobre los ingredientes (carne de res, pollo, maíz, etc.) viene en las etiquetas de las bolsas del alimento. Suelen listarse en orden descendente, de acuerdo con el peso o la cantidad en que aparezcan. No le añada suplementos, «comida para personas» (algunas de ellas, como el chocolate, la cebolla, las uvas y las nueces son tóxicas para los perros) o vitaminas extra. Lo único que conseguirá es alterar el balance nutritivo de la comida y con ello podría afectar

Al principio, continúe alimentando al cachorro con la misma comida que le daba el criador. Es posible que él le dé un poco para los primeros días; si desea cambiársela, hágalo gradualmente.

negativamente el patrón de crecimiento o de mantenimiento de su Labrador.

Hoy día, las mejores marcas de alimentos caninos ofrecen fórmulas para cada talla, edad y nivel de actividad. Al igual que pasa con los niños, los cachorros necesitan una dieta diferente a la de los perros adultos. Las nuevas fórmulas de crecimiento contienen proteínas y niveles de grasa apropiados para las razas de diferente tamaño. Las grandes de rápido crecimiento, como el Labrador, necesitan menos proteínas y grasas durante los primeros meses: es lo adecuado para el desarrollo sano de sus articulaciones. Las razas medianas y pequeñas tienen requerimientos nutritivos diferentes durante su primer año de crecimiento.

Las opciones dentro del universo de las buenas comidas caninas son tantas que llegan a confundir hasta a los cinólogos más experimentados. No se deje intimidar por todas esas bolsas de alimentos para perros en los estantes de la tienda. Lea las etiquetas (si no, ¿cómo va a saber lo que contienen?) y llame al

¡A los cachorros de Labrador no hay que llamarlos dos veces para la cena!

Las golosinas son auxiliares muy eficaces en el adiestramiento del cachorro, pero las calorías que contienen pueden engordarlo. No olvide incluir las golosinas cuando programe la cantidad diaria de alimento que va a dar al perro, así evitará la sobrealimentación.

número telefónico que en ellas aparece para solicitar información extra. Pregunte al criador y al veterinario qué alimento le recomendarían para su cachorro de Labrador. Un conocimiento sólido sobre alimentación canina le proporcionará los elementos necesarios para ofrecer a su perro la dieta más adecuada para su salud a largo plazo.

Si se propone cambiar la comida que el criador le estaba dando al cachorro pídale un poco para llevársela a casa y mezclarla con la nueva, así lo ayudará a adaptarse.

Ahora consideremos cuántas veces al día se debe alimentar al cachorro. A las ocho semanas de edad lo mejor es que coma tres veces al día. Cerca de las doce semanas se puede pasar a darle dos comidas diarias. La mayoría de los criadores sugiere mantener las dos comidas por el resto de la vida, sin importar la raza.

En cuanto a la hora de servirlas, la mayoría de los dueños concuerda en que las comidas programadas son preferibles a la dieta de libre demanda (o sea, dejar el plato con comida durante todo el día). Las comidas programadas le ofrecen otra oportunidad de recordar a su perro que todas las cosas buenas de la vida provienen de su todopoderoso dueño y señor. Además, es más fácil predecir cuándo hará sus necesidades, lo que facilita la educación doméstica.. Al programar las comidas del cachorro, usted sabe cuánto come y cuándo lo hace, información valiosa para el control del peso, y en caso de enfermedades. Muy a menudo los perros que se alimentan a libre demanda desarrollan hábitos de alimentación inconstantes… un bocadillo ahora, un gránulo después. También son más propensos a tornarse posesivos con sus platos, problema de conducta que marca el comienzo de la agresión.

¿Debe darle comida enlatada o comida seca? Y la seca, ¿se la debe dar con agua o sin ella? La mayoría de los veterinarios recomienda la comida seca porque los gránulos ayudan a limpiar el sarro y las placas de los dientes. Es opcional añadirle agua. Al Labrador le vendrá bien que le rocíe un poco para evitar que «inhale» la comida porque tal costumbre favorece la aparición de un problema mortal llamado timpanitis, que afecta a los perros de pecho profundo. Se cree que añadir agua a la comida inmediatamente antes de servirla, le realza el sabor sin deteriorar sus benéficas cualidades dentales. Ya sea que su perro se alimente con comida seca o húmeda, siempre debe tener agua disponible, aunque una de las medidas preventivas efectivas contra la timpanitis es limitar la ingestión de agua a la hora de las comidas.

Al igual que las personas, los cachorros y los perros adultos tienen apetitos diferentes: algunos comerán hasta dejar relucientes sus platos y pedirán más, mientras que otros comerán un poco y dejarán una parte de la comida sin tocar. Es fácil sobrealimentar a un perro tragón. ¿Quién puede resistirse ante los conmovedores ojos del Labrador? Sea firme y ¡persevere en lo correcto! Los cachorros regordetes podrán ser muy graciosos y todo lo demás, pero el exceso de peso afectará sus articulaciones en crecimiento y se considera que es uno de los factores que favorecen el desarrollo de la displasia de codo y de cadera. Los cachorros pasados de peso tienden también a convertirse en adultos obesos, que se cansan con facilidad y que son más susceptibles de pa-

Su cachorro necesita una dieta diferente a la del perro adulto. El pequeño Labrador requiere una dieta de calidad concebida para promover el crecimiento sano de las razas grandes.

decer otros problemas de salud. Consulte al criador y al veterinario para que le aconsejen cómo ajustar las raciones del cachorro, a medida que éste crece.

Recuerde siempre que esbeltez es salud, y grasa no. Las investigaciones han demostrado que la obesidad es un importante asesino de perros. Así de simple: un perro delgado vive más que uno gordo. Y eso que las cifras no reflejan la calidad de vida del perro esbelto, que puede correr, saltar y jugar sin cargar 5 o 10 kilos extra.

Para complicar el dilema existe la opción de las comidas crudas, destinadas a aquellos amos que prefieren ofrecer a sus perros dietas completamente naturales en lugar de las tradicionales comidas manufacturadas. El debate entre comidas crudas y/o completamente naturales *versus* comidas industrialmente elaboradas, es agudo. Los que

Los Labrador Retriever que trabajan activamente en el campo o en el agua necesitan una dieta diferente a la de los perros que hacen menos ejercicio. Analice este tipo de necesidades dietéticas con su veterinario.

abogan por las comidas naturales afirman que con ellas han curado a sus perros de alergias y otros padecimientos crónicos. Si está interesado en este otro método de alimentación, hay varios libros que tratan el tema, escritos por especialistas en nutrición canina. También puede analizar

el asunto con su veterinario, preguntar al criador, navegar en Internet y conversar con otros dueños que hayan tenido éxito con este tipo de alimentación.

Si su perro adulto está obeso, puede cambiar a una comida «ligera» que tenga menos calorías y más fibra. Las comidas para perros ancianos tienen fórmulas concebidas para satisfacer las necesidades de los animales menos activos y de mayor edad. Las dietas para perros «que trabajan» contienen mayor cantidad de grasa y proteína para suplir las necesidades de aquellos que compiten en disciplinas deportivas, o llevan vidas muy activas.

Antes de concluir, debemos abundar un poco en la timpanitis. Este mal provoca que el estómago del perro gire sobre sí mismo, lo que corta la salida de los gases, y la circulación sanguínea. Todo ello conduce al shock y la muerte, si no se trata urgentemente. Algunas teorías sugieren que engullir grandes cantidades de comida o beber mucha agua después de comer puede favorecer la aparición del mal.

Otras medidas preventivas contra la timpanitis (o torsión estomacal) son no permitir que el perro haga ejercicios fuertes por lo menos una hora antes y dos horas después de comer. Asegúrese de que no esté sobreexcitado a la hora de la comida. También se considera que los perros nerviosos y sobreexcitados son más propensos a padecer este problema mortal. Los síntomas se presentan cuando el perro hace esfuerzos improductivos por vomitar y hacer sus necesidades, se babea y se le ve mal. Analice los síntomas de la timpanitis con el veterinario para que pueda llevar urgentemente su perro a la clínica en caso de sospechar que pueda presentar el problema. Lo esencial es que aquello que da a su perro y la cantidad en que se lo da, son factores decisivos para su salud integral y longevidad. Vale la pena invertir dinero y tiempo extra proporcionándole al Labrador la mejor dieta posible.

ALIMENTACIÓN DEL LABRADOR RETRIEVER

Resumen

■ Su Labrador necesita una dieta balanceada integral concebida para perros de razas grandes. Al principio deberá consumir una buena comida para cachorros para luego pasar a una de mantenimiento para adultos. Cuando sea viejo, probablemente cambiará hacia una dieta concebida para perros ancianos.

■ Analice con el veterinario y el criador la cantidad de comida correcta que debe comer el Labrador para mantenerse en buenas condiciones porque la obesidad es dañina para su salud y puede restarle años de vida.

■ Programe dos comidas diarias para su perro; la dieta a libre demanda no es recomendable.

■ El Labrador, con su pecho profundo, es una de las razas propensas a la timpanitis. Aprenda a prevenirla y también a reconocer los síntomas.

■ La salud, calidad del pelaje, nivel de actividad y condiciones generales del Labrador dependen de la dieta.

Los hábitos correctos de acicalado son importantes para el bienestar físico de su perro. El acicalado debe ser semanal.

Acostumbre al cachorro al cepillo, al cortaúñas y al cepillo de dientes desde pequeño. Los perros que no se acostumbran a estas manipulaciones desde temprana edad, pueden objetarlas cuando llegan a la madurez y son más grandes y resistentes. Vaya incrementando el tiempo del acicalado muy poquito a poco: empiece dándole una suave cepillada por todo el cuerpo (a modo de masaje), tocándole como de pasada las patitas, revisándole ligeramente las orejas y pasándole la mano con cuidado por las encías. Háblele mucho y muy dulcemente y ofrézcale golosinas pequeñas.

El Labrador adulto tiene un manto doble, corto y recto, con un pelo interno que varía en densidad dependiendo del clima donde se críe el perro. El cepillado regular eliminará el polvo y

Los cuidados dentales ocupan una parte importante dentro del régimen integral de cuidados caseros que proporciona a su perro y deben formar parte de la rutina de acicalado.

distribuirá los aceites que mantienen el pelaje limpio y acondicionado. En las estaciones de muda será necesario incrementar la frecuencia del cepillado.

El baño frecuente es muy raras veces necesario y, de hecho, elimina los aceites esenciales de la piel y el pelaje del perro. La mejor manera de eliminar el polvo y distribuir esos aceites por todo el manto para que se mantenga superbrillante, es el cepillado frecuente.

¿Cuán a menudo se debe bañar al Labrador? En la mayoría de los casos, no más de una o dos veces al mes. Claro, hay momentos en que el baño es necesario. Para minimizar el estrés y el forcejeo durante el baño, acostumbre al cachorro desde pequeño. Engatúselo con golosinas para que entre en la tina. Coloque una toalla en el suelo de la tina o de la ducha para que el perro tenga una superficie firme donde apoyarse. Comience colocando al cachorro dentro de la tina seca, y una vez que esté cómodo, vaya añadiendo el agua y bañándolo poco a poco.

Después de aplicar y enjabonar con el champú, asegúrese

Cualquiera que sea el color del Labrador Retriever, el pelaje es siempre corto, recto y espeso, algo denso al tacto. El pelo interno le protege de los elementos.

Ésta es la idea que la mayoría de los Labradores tienen acerca de darse un baño.

de enjuagar completamente el pelo porque si quedan restos de champú pueden producir comezón al perro. Para el secado no hay nada mejor que un buen paño de gamuza porque absorbe el agua como si fuera una esponja. Después del baño y del secado mantenga al perro lejos de las corrientes de aire durante un buen rato para evitar que se resfríe. Cuando necesite limpiarlo y quitarle el olor corporal de manera rápida, apele a los champúes secos.

La higiene dental es tan importante para los perros como para las personas. Las placas y el sarro pueden provocar enfermedades de las encías, precursoras de otras más serias en los órganos internos.

Cepillar diariamente los dientes del perro resulta ideal, pero dos veces a la semana tal vez sea más realista. Comience a hacerlo cuando él todavía es cachorro y utilice asociaciones positivas tales como caricias y alabanzas. Al principio, sólo frótele las encías y los dientes con el dedo. Más adelante, comience a usar el cepillo o simplemente una gasa enrollada en el índice. La pasta canina

lo hará todo más fácil; la humana, será una verdadera tortura para él.

El cuidado casero de los dientes es vital para la salud y longevidad del Labrador. Los estudios científicos han demostrado que la higiene oral añade entre tres y cinco años más a la vida de un perro. ¿Es necesario decir más?

Las uñas deben cortarse una vez al mes, aunque ésta es siempre la parte menos agradable del acicalado. A los cachorros no les gusta que les corten las uñas así que lo mejor es acostumbrarlos lo antes posible. Intente convertir el proceso en una experiencia positiva. Ofrézcale las usuales golosinas en cada sesión de corte de uñas, así aprenderá que cuando usted le toca las patas él recibe recompensas comestibles.

Puede que al principio tenga que limitarse a cortar una o dos uñas en cada ocasión. Lo mejor es cortar la puntita de la uña más frecuentemente que tratar de cortarla mucho cuando ya esté muy larga.

Despunte el extremo de la uña o córtela en la parte curva.

Tenga cuidado de no cortar la línea de sangre (el vaso sanguíneo color rosa que corre dentro de la uña) porque duele y tiende a sangrar mucho. Si ocurriese, detenga el sangrado con unas gotas de solución anticoagulante (que puede conseguir en su veterinario), o con un lápiz estíptico.

Revisar las orejas una vez por semana ahorrará muchos problemas. Las orejas caídas del Labrador pueden impedir la entrada del aire y, con ello, mantener húmedo el canal del oído, facilitando la aparición de moho. También ocurre que algunos perros segregan más cerumen que otros. La limpieza regular,

especialmente después de nadar, con una fórmula especial para limpiar oídos que puede obtener en su veterinario, mantendrán limpias y libres de olores las orejas de su perro. Use una mota de algodón para limpiar los pliegues internos, pero no profundice porque podría dañar el tambor del oído.

Los síntomas de infección auricular son, entre otros, rojez y/o inflamación del pabellón de la oreja o del oído interno, olor desagradable o secreción serosa y oscura. Si su Labrador se rasca la oreja, sacude la cabeza o parece que pierde el equilibrio, vaya enseguida al veterinario.

ACICALADO DEL LABRADOR RETRIEVER

Resumen

■ El Labrador no necesita demasiado acicalado, pero sí atención regular del manto, orejas, uñas y dientes.

■ Acostumbre al Labrador al acicalado desde pequeño para que lo acepte de buena gana cuando alcance la madurez.

■ Para mantenerse superbrillante, el doble y corto manto del Labrador sólo requiere cepillado regular, y baño, cuando sea necesario.

■ Para conservar la salud bucal y dental de su perro, convierta el cepillado de dientes en parte de la sesión de acicalado. Recórtele las uñas una vez al mes con un cortaúñas especial para perros.

Cómo mantener activo al Labrador Retriever

El Labrador Retriever fue creado originalmente para cazar.

Y aunque el Labrador del siglo XXI es más una mascota que un cazador, aún siente la llamada ancestral y necesita actividades y ejercicio fuertes para canalizar toda la energía en él contenida. Usted, como dueño, se beneficiará también, porque un perro bien ejercitado está felizmente cansado y menos inclinado a encontrar traviesos escapes para la energía no empleada.

Dicho esto, tenga presente que ni el Labrador adulto ni el cachorro obtendrán el ejercicio adecuado por sí mismos. Necesitan una razón o incentivo para mantenerse activos, y ese incentivo es, por necesidad, la persona a cargo de ellos, en este caso, ¡usted! Un paseo diario a paso vivo, o mejor, dos, le ayudarán a mantener a su Labrador en forma, el cual recibirá estímulos mentales a través de los sonidos y panoramas callejeros o del parque del vecindario.

El adiestrable y atlético Labrador ha alcanzado mucho éxito en las competencias de obediencia. La ilustración muestra un ejercicio de cobro y salto, de alto nivel.

Paseos

La duración y longitud de los paseos dependen de la edad, condición física y nivel energético de su Labrador. Los huesos de un joven Labrador son blandos y están en formación, por eso son más susceptibles a dañarse durante el primer año de vida. Eso quiere decir que, mientras no pase la edad del riesgo, los paseos deben ser cortos y se deben evitar los juegos y actividades que estimulen los saltos o cualquier otro impacto fuerte en los trenes anterior o posterior del perro. Hasta que su estructura corporal no haya madurado, es necesario supervisar los juegos con otros cachorros y con los perros de más edad a fin de evitar luchas y giros.

La natación, siempre que sea posible, es un ejercicio excelente que le ofrece la posibilidad de remar con sus palmípedos pies.

Cuándo y por dónde pasear al perro es tan importante como cuánto. En los días cálidos evite caminar al calor del mediodía, salga en las horas más frescas de la mañana o de la tarde. Si es usted un trotador, su Labrador, ya adulto, es el compañero per-

El Labrador disfruta gastando energía con un compañero de ejercicios.

Un día en la playa cobrando en medio del oleaje con sus amigos, y el Labrador alcanzará ¡la cima de la felicidad!

Cómo mantener activo al Labrador Retriever

fecto, siempre que se encuentre en buenas condiciones físicas. Trotar sobre el césped o sobre otra superficie suave es más conveniente para los pies y articulaciones del perro. Sólo asegúrese de que su Labrador está sano, antes de invitarlo a acompañarle en su trote diario.

Los paseos son también un excelente medio de establecer lazos entre dueño y perro. Su Labrador esperará ansiosamente este momento especial que va a compartir con usted. Como es una criatura de hábitos, saltará de alegría cuando le vea ponerse el abrigo y tomar la correa, o cuando sienta el tintinear de las llaves de la casa.

Clases de Obediencia

Considere llevar el programa de ejercicios a otro nivel. Planifique una noche semanal para salir con su Labrador e inscríbase en un cursillo. Puede ser de Obediencia, de Agility… ¡o ambos! Los beneficios de un curso de Obediencia son interminables. Usted se verá motivado a trabajar con su perro diariamente para no estar desfasado en la clase semanal.

Ambos serán más activos y, por ende, más sanos. Su perro aprenderá los elementos básicos de la Obediencia, se comportará mejor y se convertirá en un ciudadano modelo. Como beneficio adicional, descubrirá que usted es realmente ¡el jefe!

Clases de Agility

Las clases para el Circuito de Agility dan una salida aún más saludable a la energía del Labrador. Aprenderá a escalar una rampa en forma de A, a correr por dentro de un túnel, a hacer equilibrios sobre un columpio, a saltar hacia y desde una plataforma, a atravesar un aro y a zigzaguear en medio de una línea de estacas. El entrenamiento de Agility no debe comenzarse hasta que el cachorro haya cumplido, por lo menos, un año de edad. Al principio haga que los saltos sean muy bajos y trabaje sobre superficies elásticas para limitar el impacto sobre sus huesos y músculos en crecimiento. El desafío de aprender a sortear los obstáculos del Circuito de Agility, y su éxito al dominar cada uno, harán que usted y su perro se sientan orgullosos de ustedes mismos.

Competencias

Puede ir aún más lejos con estas actividades y participar con su perro en competencias de Obediencia y de Agility. Durante todo el año se organizan exposiciones y competencias para todos los niveles. Busque un club o únase a un grupo de entrenamiento. Trabajar con otros amantes del Labrador le dotará de incentivo para mantenerse trabajando con su perro. Obtenga detalles en el club especializado del Labrador, y en la sociedad canina nacional; contacte con otras personas.

Pruebas de caza y cacerías

¿Qué mejor manera de ejercitar y disfrutar de su Labrador que haciendo lo que más gusta a los perros de esta raza: cobrar patos y faisanes? El amor del Labrador por la caza de pluma va desde la pasión salvaje hasta el interés moderado, en dependencia de los perros de trabajo que tenga en su árbol genealógico, pero casi todos los Labrado-

res disfrutan trabajando en el campo.

Tanto el AKC como el UKC (United Kennel Club) organizan pruebas de trabajo, diseñadas para los cazadores no competitivos que pueden, o no, cazar. El

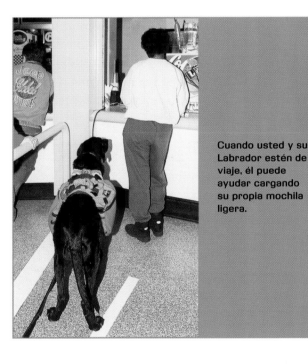

Cuando usted y su Labrador estén de viaje, él puede ayudar cargando su propia mochila ligera.

club local de la raza o el de los perros cobradores pueden ponerle en contacto con los grupos que entrenan específicamente para tales eventos. Los reglamentos y regulaciones para las pruebas de caza pueden obtenerse en los sitios web del AKC y del UKC.

Pruebas de campo

De todos los eventos que realizan los perros de caza, las pruebas de campo son las más difíciles y desafiantes. Están hechas para los corazones intrépidos, con tiempo y dinero suficientes para competir contra lo mejor de lo mejor. Los Labradores dominan el escenario de las pruebas de campo. Docenas de Labradores ganan los campeonatos de campo todos los años. Sin embargo, el pedigree aquí es fundamental, así que, antes de considerar siquiera entrar en el mundo de las pruebas de campo, asegúrese de tener un cachorro con credenciales sobresalientes

Exposiciones caninas

La conformación es la competencia canina más popular en

Si su cachorro tiene potencial para exposición, intente competir con él para ver cuáles son sus posibilidades. Este ejemplar ha logrado llegar hasta la exposición del Westminster Kennel Club, la más prestigiosa de todo Estados Unidos, donde está siendo juzgado en el ring correspondiente a su raza.

todas las razas. Si planifica exhibir a su Labrador, asegúrese de buscar un cachorro con calidad para exposición y explique sus objetivos al criador. La mayoría de los clubes especializados locales organizan clases de adiestramiento para el ring y pueden ayudar a los novatos a iniciarse en ellas con sus cachorros. Lo mejor es empezar el adiestramiento para exposición cuando el cachorro es joven, así desarrollará una buena actitud en la pista.

El compañero de juegos favorito del Labrador: ¡Usted!

Dejando a un lado las competencias, el Labrador nunca es tan feliz como cuando comparte con la gente, especialmente con sus dueños. Él necesita ser parte de las actividades familiares, le encanta jugar con los niños y participará con entusiasmo en cualquier juego o deporte al aire libre. Si hay una palabra que le viene bien al Labrador, ésa es: familia.

CÓMO MANTENER ACTIVO AL LABRADOR RETRIEVER

Resumen

■ Con un perro tan versátil como el Labrador, usted y él tienen muchas maneras de mantenerse activos.

■ El Labrador necesita por lo menos dos buenos paseos diarios para mantenerse en forma mental y física.

■ Considere matricular en cursos de Obediencia o Agility; de ahí puede avanzar, si lo desea, a niveles competitivos.

■ Al Labrador le encanta pulir sus habilidades instintivas en las pruebas de caza o en las muy competitivas pruebas de campo, si usted, como dueño, está dispuesto a enfrentar ese reto.

■ Si su cachorro tiene potencial para exposición, puede adiestrarlo y competir en Conformación.

El Labrador Retriever y el veterinario

Un buen veterinario es esencial para llevar adelante un buen programa de salud con el Labrador.

Antes de traerse el cachorro a casa, localice uno. Pregunte a los amigos, haga averiguaciones en la asociación canina local y con su criador. Un buen veterinario establecerá para su cachorro un programa de cuidados sanitarios a largo plazo, y le ayudará a usted a capacitarse en términos de salud canina.

Tres o cuatro días después de haber llegado a casa, lleve el cachorro al veterinario. Muestre al doctor los documentos de salud que el criador le entregó, donde aparecen los datos sobre las desparasitaciones y vacunaciones. El veterinario le someterá a un reconocimiento físico completo para comprobar que está sano, y diseñará un programa de vacunaciones, de tatuaje con microchip, y de visitas regulares a la consulta, además de prescribirle las medicinas de rutina. Un buen veterinario será gentil y cariño-

Analice con el veterinario el programa de vacunaciones más prudente y seguro para el cachorro.

so con el nuevo cachorro y hará todo lo posible para que no se sienta asustado.

Los protocolos de vacunas varían, pero la mayoría de los veterinarios recomienda una serie de tres dosis combinadas, en intervalos de tres a cuatro semanas. Antes de dejar la casa del criador, su cachorro debe haber recibido su primera dosis. Las vacunas combinadas varían también y una simple inyección puede contener cinco, seis, siete o, incluso, ocho vacunas al mismo tiempo. Muchos criadores y veterinarios consideran que la potencia de vacunas tan polivalentes puede comprometer negativamente el inmaduro sistema inmune del cachorro, por eso recomiendan menos vacunas de una sola vez, e incluso vacunas separadas, o sea, monovalentes.

Vacunas

Las vacunas recomendadas son las que protegen contra las enfermedades más peligrosas tanto para el cachorro como para el perro adulto. Estas son: moquillo, fatal en el caso de los cachorros; parvovirosis canina, altamente contagiosa y también fatal para cachorros y perros en

Al lactar de la madre la camada de cachorros no sólo se nutre, sino que se inmuniza contra ciertas enfermedades durante las primeras semanas de vida. Este calostro antibiótico sólo se encuentra en la leche materna.

El veterinario evaluará la dentadura, boca y encías del perro en cada consulta. Mantenga a su Labrador sonriente entre consulta y consulta brindándole en casa los cuidados dentales que requiere.

riesgo; adenovirosis canina, altamente contagiosa y de alto riesgo para los cachorros menores de cuatro meses de edad; hepatitis canina, altamente contagiosa, y de mucho riesgo para los cachorros. La vacuna contra la rabia es obligatoria en todo el territorio de los Estados Unidos y en la mayor parte de los países occidentales.

Otras vacunas son las de la parainfluenza, la leptospirosis, el coronavirus canino, la *Bordetella* (tos de las perreras) y la enfermedad de Lyme. Su veterinario le advertirá si en su área hay riesgo de estas enfermedades no fatales para que inmunice a su cachorro convenientemente.

Las últimas investigaciones sobre el tema sugieren que la vacunación anual puede ser en realidad excesiva y, por ende, responsable de muchos de los problemas de salud que confrontan actualmente nuestros perros. Por eso se recomienda expresamente a veterinarios y dueños que consideren las necesidades individuales y los riesgos de cada perro antes de decidir un protocolo de vacunación. Muchos dueños someten a sus perros al análisis volumétrico para comprobar el estado de sus anticuerpos, en lugar de vacunarlos automáticamente.

Pregunte siempre al veterinario qué vacunas y medicinas está suministrando al perro en cada visita, y para qué son. Un dueño bien informado está mejor preparado para criar un perro sano. Lleve una libreta o un diario y anote allí, para que no se le olviden, todas las informaciones que tengan que ver con la salud del suyo, sobre todo después de cada consulta veterinaria. Créame, se le olvidará.

Pulgas y garrapatas

Las pulgas y garrapatas existen desde hace siglos, por lo que es probable que usted se vea obligado a enarbolar la bandera de la batalla contra las pulgas en algún momento. Afortunadamente, hoy existen varias armas poco tóxicas pero efectivas para luchar contra estas plagas. Son productos que pueden aniquilar a las pulgas y garrapatas durante un periodo que va entre 30 y 90 días (o más). Algunos son tratamientos que se aplican en forma de gotas en la zona de la cruz, mientras que otros son píldoras mensuales. Los mejores remedios puede ofrecérselos su veterinario. Los collares antipulgas o antigarrapatas ofrecen protección limitada, y no son confiables.

Padecimientos asociados a las garrapatas como la enfermedad de Lyme *(borreliosis canina)*, la *ehrlichiosis* y la fiebre Punteada de las Montañas Rocosas, se encuentran hoy día en casi cualquier estado y pueden afectar también a las personas. Los perros que vivan o visiten áreas donde haya garrapatas, ya sea en la estación correspondiente o durante todo el año, deben estar protegidos.

Esté al tanto de los cambios

Entre una visita anual y otra al veterinario, la salud de su Labrador está en sus manos. Así que esté al tanto de cualquier cambio en su apariencia o comportamiento. He aquí algunos detalles a tener en cuenta:

■ ¿El perro ha engordado o adelgazado súbitamente?
■ ¿Tiene los dientes limpios y blancos?

Este alegre cachorro de siete meses, está sano y listo ¡para una brillante carrera!

■ ¿Está orinando más frecuentemente, bebiendo más agua de lo usual?
■ ¿Hace esfuerzos cuando está haciendo sus necesidades?
■ ¿Nota algún cambio en su apetito?
■ ¿Parece como si le faltara el aire, está letárgico o demasiado cansado?
■ ¿Ha percibido en él algún tipo de cojera o cualquier otro signo de rigidez en las articulaciones?

Todos éstos son signos de serios problemas de salud que debe analizar con su veterinario tan pronto como aparezcan. Estas observaciones se hacen más importantes en el caso de los perros viejos, ya que hasta los más sutiles cambios pueden señalar algo grave.

Esterilización

Casi está fuera de duda porque la esterilización es la mejor póliza de seguro de salud que puede ofrecer a su Labrador. Las estadísticas han demostrado que las hembras esterilizadas antes del primer celo (estro) tienen un 90 % menos de riesgo de contraer varios cánceres frecuentes y otros problemas típicamente femeninos. Los machos esterilizados antes de la irrupción de las hormonas masculinas, por lo general antes de los seis meses de edad, tienen ningún o muy poco riesgo de desarrollar cáncer prostático y testicular, así como otros tumores e infecciones relacionados. Hablando en términos estadísticos, usted hará una contribución positiva al problema de la superpoblación de mascotas y a la salud a largo plazo de su perro.

EL LABRADOR RETRIEVER Y EL VETERINARIO

Resumen

■ Localice un veterinario experimentado en la zona donde vive y concierte una cita con él antes de traerse el cachorro a casa.

■ En la primera consulta, el veterinario establecerá el programa de vacunación del cachorro. Hay diversas opiniones en cuanto al mejor protocolo vacunal, así que lo mejor es que analice con su veterinario la vía más segura de llevarlo a cabo.

■ El control parasitario es una obligación. La mayoría de los dueños de perros se enfrenta a plagas, como pulgas y garrapatas, en algún momento de su vida.

■ ¡Conozca a su Labrador! Esté al tanto de los cambios en su apariencia y/o comportamiento, porque pueden estar indicando algo serio, y llame al veterinario inmediatamente.

■ La esterilización protege a su perro de muchos tipos de cáncer y otras graves enfermedades.